엄마와 아이 애착 다지기

엄마와 아이 애착 다지기

최명선 · 차미숙 · 김난희 지음

이담
Books

이 책을 펼치는 모든 분께

'마음맑음 시리즈'에 참여한 저자들은 처음부터 책을 쓸 목적으로 만나지 않았습니다. 저희는 아동심리치료에 대한 소신과 열정으로 석·박사 과정에서 성실히 학문적 기초를 쌓고, 워크숍과 임상교육을 통해 심화된 지식을 얻고자 한 사람들입니다. 또한 많은 임상경험과 훈련을 통해 누구보다 내실을 기하며 상담자의 길을 가고자 했습니다. 하지만 치료실에서 아이들을 만나면서 또다시 한계에 부딪히고 더 연구하고 더 알아야 할 것들에 대해 고민하게 되었습니다.

그래서 지식을 더 깊게 하기 위한 마음을 모았고 시간을 쪼개어 함께 공부를 시작했습니다. 정기적인 작은 세미나를 가졌고, 최근 센터에 내원하는 아이들의 주 호소 문제를 분석하며 산발적으로 소개된 관련 내용을 모아 발표하고 토론하는 시간을 가졌습니다. 주제를 발표할 사람, 사례를 발표할 사람, 세미나를 마치고 내용을 종합·정리할 사람들이 열심히 자료를 정리하고 수집하다가, 이 자료를 '더 많은 사람들'과 나눌 수는 없을까 하는 생각을 하게 되었습니다. 그 사람들이란 아이들의 부모님이나 교사가 될 수도 있고, 아동과 관련된 일을 하는 현장 종사자가 될 수도 있으며, 우리들의 동료나 후배, 우리가 가르치는 학생들일 수도, 만나보지는 못했지만 이제 막 상담을 시작하는 초보상담자일 수도 있습니다. 스스로 닥친 문제를 해결하고자 하는 부모님이나 교사들, 각 증상을 가진 내담아동에 대한 지식을 열심히 찾고 있는 학생들, 치료실 안팎에서 아동과 부모를 위해 공부하고 문제를 해결해주고자 정성을 쏟고 있을 상담자들과 자료를 공유하고 싶었습니다.

원고를 쓰기 시작할 때, 상담에 막 입문했던 학생시절, 초보엄마, 초보 상담사 시절을 떠올리며, 그때로 돌아가 보았습니다. 공부와 임상을 오가며 바쁜 나날들을 보냈고, 내담아동과 부모를 위해 지식을 얻고 싶었던 마음은 조급하고도 절실했지만 주어진 지식현장은 그렇지 않았습니다. 갓 들어온 원서를 복사해서 보거나 번역서 관련 내용을 동냥해서 읽는 등 참으로 답답하고 안타까운 시간을 보냈습니다. 최신판 번역서를 읽고 의미를 정확히 이해하고자 원서를 다시 찾아 읽기도 하고, 그것도 안 될 때는 몇몇 부분은 아쉽게 넘겨버린 기억도 있습니다. 그 마음으로 돌아가 쓴 책이라 일반 부모님들께는 다소 어려울 수 있고, 숙련 상담자들에게는 역으로 너무 쉬운 내용일 수도 있을 것입니다. 이 책의 대상에 대해 많은 고민을 했지만, 그냥 단순하게 '필요로 하는 사람들'을 생각하며 내놓겠습니다. 부족하거나 얕은 부분은 약속한 기간까지 더 연구하고 공부하여 개정판에서 발전시켜 선보일 것을 약속합니다.

본 시리즈의 내용은 특정 증상의 특성과 원인, 측정하는 방법에 대해 이해하고, 다양한 치료적 접근 그리고 부모나 교사가 직접 실행해 보거나 그들과의 부모상담에서 사용할 수 있는 구체적인 예방과 대처로 구성되어 있습니다. 마지막으로 아이의 문제로 지치고 힘들어하는 부모님께 상담실 안에서 해주지 못한 저자들의 마음을 편지로 담았습니다.

이제 몇 권의 주제로 시리즈의 첫 문을 두드립니다. 앞으로 우리가 공부하고 함께 나눌 지식은 훨씬 더 많고, 깊으니 갈 길은 멀지만 의미 있는 일들에

설레기도 합니다. 아이들과 부모님들을 돕기 위한 저자들의 고민과 열정의 꽃은 사계절 피어날 것이며 치료자들과 나누고자 하는 마음도 변치 않을 것입니다. 부족하지만 본 시리즈가 관련 어려움을 가진 아동, 청소년들을 만나고 있는 그 누구에게라도 작은 보탬이 되길 바랍니다.

　마지막으로 한국에 놀이치료의 씨앗을 심고, 가꾸어 주시며 많은 치료사들이 탄탄한 훈련의 길을 거쳐 소신을 펼칠 수 있도록 힘이 되어주고 계시는 '한국놀이치료학회 1세대 놀이치료전문가' 선생님들께 고개 숙여 감사드립니다. 그리고 직업적 신념과 열정을 잘 이해해주시고 기꺼이 출판의 길을 열어주신 한국학술정보(주) 관계자 여러분들과 책을 마무리하는 데 모두가 한마음이 되어 열심히 해준 아동청소년상담센터 맑음 치료자들과 인턴 선생님들께도 감사의 인사를 전합니다.

맑음 연구실에서
저자 대표 최명선

Contents

PART 01
애착에 대한 이해

1. 애착이란 무엇인가?

1) 애착

상담실에서 아이들을 만나며 애착의 의미를 몇몇 약으로 비유해 본 적이 있다. 연령이 적든 많든, 문제행동의 종류가 무엇이든 간에 부모의 태도가 변하고 부모와의 관계를 기초부터 튼튼히 다질 때 아이들은 행동의 변화를 보이기 시작한다. 그때 애착이 '만병통치약'이라는 생각을 해보았다. 또한 불현듯 나타난 아이의 문제행동을 집중적인 부모의 노력으로 해결하는 과정을 보며 다양한 증상에 급할 때 먹는 '우황청심환'을 떠올려 보기도 하였다. 아이들이 많은 과업과 스트레스로 에너지가 떨어질 때 부모의 사랑은 원기를 보충하는 '보약'처럼 힘을 주기도 한다. 그만큼 아이들의 건강한 심리발달과 행동에 있어서 부모와의 애착은 평생을 살아가는 데 필요한 튼튼한 뿌리가 되고 약이 된다는 뜻이다.

반대로 설명해보면 성인에게 있어 스트레스가 만병의 근원이 된다면 아동의 많은 문제행동의 원인은 잘못된 애착형성에 기인한 경우가 많다. 인간이 생명을 유지하기 위해 최소한으로 갖추어야 하는 모든 요소를 갖추었더라도 마음이 건강하지 않으면 소용이 없다. 마음의 건강을 위해 '애착'은 물이나 공기처럼 없어서는 안 되는 중요한 요소이다. Bowlby(1969)는 애착이란 영아와 양육자 사이의 친밀한 정서적 유대, 즉 엄마와 아이의 관계에서 형성되는 것으로 정의하였다.

2) 애착행동

생후 6주 정도가 되면 아이들은 자신을 돌봐주는 사람을 다른 사람과 구별하여 인식하면서 애착행동을 보인다. 이러한 애착행동은 아이가 엄마와 떨어지지 않고 가까이 있으려고 할 때 더욱 두드러지며, 미소나 울기, 따라가기와 같은 다양한 모습('애착발달이론' 참조)으로 나타난다.

Bowlby(1982)는 애착행동에 영향을 주는 조건들을 세 가지 측면(아이, 엄마, 기타)으로 분류하여 제시하였다.

(1) 아이의 특성

아이들은 피곤하고 배고프고 추울 때 혹은 건강이 좋지 않거나 고통을 겪을 때 평소와 다르게 엄마를 더 많이 찾고 힘들게 한다. '특별한 이유 없이 짜증을 부려요', '왜 이렇게 칭얼대는지 모르겠어요'라는 엄마의 표현이 이런 상황에 놓인 아이의 모습을 대변할 수 있겠다. 이때 아이는 엄마가 자기 곁에 있어 주었으면 하고 간절히 바라며, 엄마가 안아주거나 토닥거려주는 등의 신체접촉을 통해 편안함을 되찾는다. 반면, 엄마와 떨어지게 되면 울기,

따라가기, 매달리기 등의 강렬한 애착행동을 보이게 된다. 그러나 아이가 더 이상 피곤, 배고픔, 추위, 고통을 느끼지 않고 건강 또한 좋은 상태라면, 아이는 엄마의 소리를 들을 수 있는 조금 떨어진 곳에 혼자 있더라도 앞에서 언급한 강렬한 애착행동을 드러내지는 않는다.

(2) 엄마의 특성

아무리 아이를 사랑하는 마음이 크더라도 엄마 자신이 지쳐 있으면 아이에게 다정한 표현을 하기 어렵다. 이러한 엄마들은 아이들에게 종종 '저리 가~ 엄마 피곤하고 귀찮아!', '자꾸 그러면 엄마가 너 두고 가버릴 거야!'라고 말하며 아이를 떼어놓으려고 하거나 위협하기도 한다. 엄마 무릎에 앉으려고 하는 아이를 억지로 떼어놓는다든지, 다가오려고 하는 아이를 피하려고 한다면, 아이는 더욱 엄마에게 매달리며 떨어지지 않으려고 한다. 또한 엄마가 자기를 내버려두고 떠날지도 모른다는 생각을 할 때에는 사정없이 고집을 부리며 엄마에게 꼭 붙어 있으려는 행동을 보인다.

그러나 엄마가 자기에게 관심을 기울이고, 엄마에게 더 가까이 가려고 할 때마다 엄마가 반갑게 맞이한다는 것을 아이가 보게 되면, 아이는 엄마와 조금 떨어진 곳에서도 엄마를 찾지 않고 자신만의 놀이를 하게 된다.

(3) 환경적 특성

놀랄만한 상황을 경험하거나 혹은 엄마가 아닌 다른 성인이나 아이들로부터 거부를 당하게 될 때에도 아이는 강한 애착행동을 나타낸다.

아이가 놀랄만한 상황은 크게 두 가지 경우로 나누어 생각해볼 수 있다.

첫째, 밝은 빛, 갑작스러운 어둠, 큰 소음과 같은 자극을 주는 사건. 둘째, 그 자체로 낯설거나 혹은 갑작스럽게 나타나는 사물이나 사람. 이와 같은 경우로 인해 놀란 아이는 엄마를 찾게 되는데 자극의 강도에 따라 엄마를 찾는 애착행동의 강도도 달라진다. 많이 놀라지 않았을 때에는 엄마에게 조금 더 가까이 가려고 움직이거나, 머리를 돌려서 엄마의 행방을 확인한 다음 엄마의 얼굴 표정과 몸짓 등을 살피는 것으로 충분하다. 그러나 강한 자극에 대해서는 울거나 매달리기 등의 강렬한 애착행동을 보이며 엄마와 떨어지지 않으려고 한다.

2. 애착유형

1) 영아의 애착유형

모든 아이들은 엄마와 애착관계를 맺으려고 하지만, 그 방식은 아이들마다 다를 수 있다. 이러한 애착의 개인차에 관심을 가진 Ainsworth(1978)는 영아와 부모 간의 애착을 측정할 수 있는 방법으로 '낯선상황실험'(상세 절차는 '애착측정' 부분 참조)을 고안하였다. 이 실험을 통해 안정, 불안정-회피, 불안정-저항과 같이 세 유형으로 애착을 분류하였다.

이후 Main과 Solomon(1990)이 위 세 가지 유형 어디에도 속하지 않는 영아들을 불안정-혼란(Disorganised) 애착유형으로 새롭게 분류하였다. 이후 애착 관련 연구나 서적에서는 안정, 불안정-회피, 불안정-저항, 불안정–혼란과 같이 네 가지 유형으로 영아의 애착유형을 설명하고 있다. 다음은 낯선 상황실험에서 관찰할 수 있는 애착유형별 부모와 아이의 특성에 대해 소개하고자 한다.

(1) 안정애착

① 영아 특성

안정애착 유형의 영아는 부모와 분리되기 전까지 방에 있는 장난감에 관심을 보이며 탐색을 한다. 엄마와 첫 번째 떨어졌을 때에는 엄마를 보고 싶어 하는 기색을 보이고, 두 번째 분리될 때는 울기도 한다. 그러나 엄마와 다시 만날 때에는 엄마를 적극적으로 맞이하는데 이때 보통 신체적 접촉을 먼저 한다. 그러고 나서 안정을 되찾으면 다시 놀이를 시작한다.

Ainsworth는 아이가 엄마와 떨어졌다가 다시 만났을 때, 어떤 반응을 보이느냐에 따라 안정애착과 불안정애착을 구분하였다. 이 유형의 아이들은 분리로 인해 아무리 심하게 고통 받았더라도 엄마를 다시 만났을 때는 대부분 즉시 안정을 취하고 선뜻 놀이를 다시 시작하는 특성이 있다. 이러한 특성은 자신의 신호에 민감하고 반응적인 엄마와의 일상 경험을 바탕으로 자신의 신호가 민감하게 받아들여질 것이라는 믿음이 있기 때문에 가능한 것이다.

또한 이러한 믿음을 바탕으로 아이는 엄마와 다시 만났을 때, 엄마와 떨어져 있으면서 느꼈던 불안을 엄마에게 직접적으로 표현하여 엄마의 도움을 구하기도 하고 재결합의 기쁨을 적극적으로 표현하기도 한다(Kochanska, 1998).

② 부모 특성

안정애착유형의 자녀를 둔 엄마들은 아이가 울면 재빨리 들어 올려 부드럽고 조심스럽게 안아주면서도, 아이가 안겨 있고 싶어 하는 동안만 그렇게 한다. 즉, 아이에게 어떤 행동을 강요하기보다는 아이의 리듬에 맞춰 반응을 보이는 특성이 있다. 최근의 한 연구(진미경, 2008)에서도 안정 애착유형으로 분류된 영아의 엄마가 다른 엄마에 비해 보다 편안함을 보이고, 정서를 공유하는 상호작용을 더 잘 하는 것으로 나타났다.

(2) 불안정-회피애착

① 영아 특성

불안정-회피애착유형의 영아는 엄마와 떨어지는 상황이 되어도 울지 않는다. 다시 만났을 때에도 엄마에게 안아달라고 요구하지 않고, 엄마를 피하고 못 본 척한다. 안정애착유형의 영아들과 다르게 엄마에게 가까이 가려거나 접촉하려는 행동을 거의 보이지 않는다. 힘들었다는 표현을 하거나 화를 내는 일도 없으며, 실험 내내 장난감이나 주변 환경에만 집중하는 특성이 있다.

아이는 본래 엄마의 만성적인 거부에 대한 분노를 매우 강하게 가지고 있다. 그러나 분노를 직접적으로 표현하면 엄마가 자신을 떠나버릴 수도 있기 때문에 엄마와 최소한의 거리를 유지하기 위해 관련 정서 표현을 모두 억제하는 것이다(Cassidy, 1994). 이러한 특징에 대해 Stifer와 Braungart(1995)는 재결합 상황에서 불안정-회피애착 영아는 정서 조절이 어머니를 향해 있는

것이 아니고, 자기 스스로 위안하는 자기-지향적 특성이 있기 때문에 부모와
그 고통을 공유하지 못한다고 설명하였다.

② 부모 특성

불안정-회피애착유형의 자녀를 둔 엄마들은 아이가 하고 있는 활동을
제한하고 지속적으로 아이에게 다른 활동을 지시하는 식으로 아동의 신호에
부적합한 반응을 보이거나, 상반된 반응으로 상호작용하려는 특징이 있다
(진미경, 2008).

엄마는 평소에도 아이의 여러 애착행동을 지나치게 거부했던 경험을
보고하기도 한다. 때로는 아이가 슬퍼하는 것처럼 보일 때 엄마가 아이의 정
서를 함께 나누려고 하기보다는 뒤로 물러나는 반응을 보이기도 한다.

(3) 불안정-저항애착

① 영아 특성

불안정-저항애착유형의 영아는 엄마와 떨어지기 전부터 주위를 지나치게
경계하면서 탐색을 거의 하지 않으려고 한다. 엄마와 떨어질 때에는 가장
격렬하게 저항한다. 그럼에도 불구하고 엄마가 다시 돌아오면 엄마의 주의를
최대한 오래 끌기 위해 엄마를 밀거나 발로 차는 등의 공격적인 행동을 통
하면서 부정적 감정을 표현하려고 한다. 이때는 달래려고 해도 쉽게 진정이 안
되며, 당연히 놀이를 다시 하려고도 하지 않는다.

② 부모 특성

불안정-저항애착유형의 자녀를 둔 엄마들은 아이에게 반응을 시도하지만 아이가 예측할 수 없는 방식으로 반응한다. 앞에서 설명한 불안정-회피애착유형 자녀를 둔 엄마들처럼 언어적 또는 신체적으로 거부 하지는 않지만, 아이가 보내는 신호에 둔감하다는 점에서는 공통적인 특성을 보인다.

(4) 불안정-혼란(혹은 비조직) 애착

① 영아 특성

이 유형의 영아는 부모와 함께 있을 때 혼란스러워하고 그리고 어리둥절해하는 행동을 보인다. 넋을 잃은 것 같은 표정과 양손을 추켜올린 채얼어붙은 자세로 있기도 한다. 엄마와 다시 만났을 때 일어났다가 바닥에쓰러져 웅크려 있을 수도 있고, 심하게 울고 시선을 돌린 채로 몸을 뒤로빼면서 엄마에게 매달리기도 한다.

② 부모 특성

이 유형의 자녀를 둔 엄마들은 다른 집단의 엄마들에 비해 정서표현에 대한정보가 일관성이 없는 것으로 나타났다(Cassidy & Berlin, 1994).

평소 빈번하게 아이를 방임하거나 신체적으로 학대하기도 한다(Barnett, Ganiban & Cicchetti, 1999). 또한 이런 양육자들은 대체로 우울성향을 가지고있다(Levy, 1999). 우울성향이 있는 엄마들의 경우, 에너지 수준이 낮아 아이의애착행동에 일관성 있게 반응하기 어렵고 갑자기 분노를 폭발하여 아이를 신체적으로 학대하거나 자신의 부정적 정서에 갇혀 아이들의 정서를 함께 나누기가 어렵다.

2) 유아의 애착유형

Cassidy와 Marvin(1992)은 2세 이상 유아의 애착유형을 분류하기 위해 Ainsworth의 '낯선상황실험'을 유아(2.5세~4.5세)에 맞게 수정하였다. 근접성/접촉, 몸의 방향, 대화의 내용과 스타일, 응시, 정서의 5가지 차원을 측정하여 안정, 회피, 의존, 비조직/통제, 불안정-기타 유형으로 분류하였다. 또한 Marvin과 Britner(1995)는 낯선상황실험에서 유아의 애착유형별 엄마의 행동 패턴을 분석하여, 부모의 특성을 안정, 거부, 몰입, 비조직-포기, 비조직-기타 유형으로 분류하였다(<표 1> 참조). 각 유형별 유아의 특성과 부모의 특성에 대해 유영미(2004)의 연구결과를 요약하여 소개하고자 한다.

표 1 유아 애착유형에 따른 부모 양육 유형

유형	유아	부모
안정	안정	안정
불안정	회피	거부
	의존	몰입
	비조직/통제	비조직/포기
	불안정/기타	비조직/기타

(1) 안정애착-안정형 양육행동

① 유아 특성

이 유형의 유아는 엄마와 함께 있을 때 엄마를 안전기반으로 하여 놀잇감 탐색을 충분히 할 수 있다. 독립적이고 자율적으로 놀이를 선택하며, 엄마에게 함께 놀자고 놀이에 초대하기도 한다.

엄마와 떨어질 때 엄마에게 왜 나가는지 이유를 묻기도 하고 따라 나가 겠다고 말하기도 하지만, 엄마가 설명해주면 잘 받아들이고, 엄마가 없는 동안 엄마를 기다리면서 무엇을 할 것인지에 대해 엄마에게 이야기한다.

엄마와 다시 만났을 때 엄마를 편안하게 반겨주고 긍정적인 상호작용을 한다. 어떤 아이는 엄마가 돌아온 것에 대해 무관심한 듯 보이다가 이내 엄마와 개방적으로 대화하며 관계를 회복한다. Greenberg 등(1991)은 안정적인 유아들이 안정적인 영아들에 비해 실제적인 신체접촉이나 엄마와 밀착하려는 필요성을 덜 느낀다고 하였다.

② 부모 특성

이 유형의 자녀를 둔 부모들은 아이와 편안하고 친밀한 상호작용을 한다. 아이가 위로받고자 할 때는 즉시 반응해주지만 일단 편안해지면 놀이로 되돌아갈 수 있게 북돋워준다. 아이의 놀이를 간섭하기보다는 아이가 함께 놀이하기를 원하거나 도움을 필요로 할 때는 상호작용해 줄 수 있다는 여지를 남기면서 놀이의 주도권을 아이에게 준다. 눈맞춤도 편안하게 자주 하고, 신체접촉도 긴장이나 거부감 없이 편안하게 하며 자연스럽고 매끄러운 대화를 이어나간다. 과장된 미소나 갑작스러운 표정의 변화 없이 아이의 정서에 잘 맞추고 조화를 이루는 모습을 보인다.

(2) 회피애착–거부형 양육행동

① 유아 특성

이 유형의 유아는 엄마와 함께 있을 때 엄마에게 등을 보이거나 시선을 마주치지 않은 채 혼자 놀잇감을 탐색한다. 엄마에게 놀잇감 사용법에 대해 물어보거나 실험실 환경에 대한 질문은 하지만, 자신의 감정이나 개인적인 관심사에 대한 내용은 이야기하지 않는다. 엄마와 떨어질 때 거부도 없고 질문도 하지 않으며 "응"하고 짧게 대답만 하고 하던 탐색을 계속한다.

엄마와 다시 만났을 때에는 엄마에 대한 반가움이나 친밀함, 편안함 없이 '엄마'가 아니라 그냥 아는 어른을 만난 듯이 사무적인 인사를 한다. 미소를 거의 보이지 않고 표정 변화도 없는 경우가 많았지만, 간혹 갑자기 킥킥거리다 싸늘해지는 등 심한 기복을 보이기도 한다.

② 부모 특성

이 유형의 자녀를 둔 부모들은 아이의 놀이 및 탐색에만 집중된 상호작용을 하며, 아이가 성취한 결과물을 보이도록 지나치게 자극을 준다. 심지어 아이의 놀이가 엄마의 마음에 들지 않는 경우 자신의 틀에 맞게 바꿔 버리는 식으로까지 놀이를 방해하기도 한다. 아이의 정서적 신호를 무시하고 친밀함은 최소화하면서, 아이에게 '이건 무슨 모양이야? 영어로는 뭐라고 하지?'하는 식으로 계속 질문하고 가르치려고 하기 때문에 마치 교사와 학생같이 보이기도 한다.

대체적으로 엄마의 정서는 밋밋한 편이지만, 아이와 다시 만났을 때나 아이가 장난감을 가지고 완성한 것을 보고는 과도하게 밝게 반응을 보이는 등 정서기복이 심한 편이다. 분리나 다시 만나는 상황에서는 아이의 감정을 고려하지 않은 채 엄마에게 주어진 과제를 수행하듯 빠르게 행동한다.

(3) 의존애착–몰입형 양육행동

① 유아 특성

이 유형의 유아는 엄마와 함께 있을 때 스스로 탐색하기보다는 엄마 옆에 꼭 붙어 앉아 있으려 하거나, 엄마가 골라주는 놀잇감을 받아서 잠시 가지고 놀다가 '난 못해', '어려워'하고 놀이를 오래 지속하지 못한다. 또한 엄마에게 아기 같은 목소리를 내면서 이야기하는 특징이 있다.

엄마와 떨어질 때 엄마가 어떤 말을 해도 만족하지 못하고 엄마에게 매달리거나 슬픈 표정을 짓거나 발을 동동거리기도 한다. 엄마가 없을 때 스트레스를 굉장히 크게 느끼기 때문에 울기도 하고, 의자에 얼굴을 비비거나 바닥을 문지르거나 장난감을 가지고 반복적으로 시끄러운 소리를 내는 식의 자기위로행동을 나타내기도 한다.

엄마와 다시 만났을 때 아이는 엄마를 보자마자 어린 아이같이 손가락을 빨거나 옷을 잡고 몸을 비비꼬기도 하고, 매달리듯 엄마 뒤를 쫓아와서 무릎에 앉으려는 시도도 한다.

② 부모 특성

이 유형의 자녀를 둔 부모들은 아이와 함께 있을 때 아이의 탐색보다는 엄마와의 애착 측면에 과도하게 집착하는 특성이 있다. 엄마에게 의존하는 것이 얼마나 중요한지를 강조하려고 한다. 아이가 놀잇감 탐색을 위해 벗어나는 듯하면 즉시 아이를 안아서 엄마의 무릎이나 바로 곁에 앉히거나 '엄마한테 안 올 거야?'하는 식으로 아이에게 공공연히 또는 은연중에 엄마 곁으로 가까이 올 것을 요구한다. 엄마 자신과 아이의 닮은 점을 반복해서 확인하듯 말하는 대화 특성을 보이기도 한다.

분리 상황이 오면 아이를 두고 나가기 어려운 듯 망설이기도 하며, 재결합 때는 아이가 편안해진 이후에도 엄마가 먼저 아이의 스트레스 상황을 다시 언급하여 아이가 엄마에게 꼭 붙어 있도록 만들기도 한다. 훈육이 필요한 경우에도 엄격하지 않고 감정적이며, 아이가 정상적으로 놀이를 하고 있을 때에도 아기를 다루듯이 도와주려 하기도 한다. 또한 놀이에 쏠려 있는 아이의 관심을 엄마에게 다시 돌리기 위해 눈맞춤을 시도하는 등 끊임없이 아이와의 관계를 확인하고자 한다.

(4) 비조직/통제애착-비조직/포기형 양육행동

① 유아 특성

이 유형의 유아는 엄마와 함께 있을 때보다 낯선 사람과 더 편안하고 호의적으로 상호작용하는 모습을 보인다. 만약 엄마의 정서가 우울하다면 아이는 엄마의 정서를 끌어올리려고 과장되게 밝게 상호작용하려고 하지만 엄마로부터 몸을 돌리면서는 낮게 한숨을 쉬기도 한다.

Cassidy와 Marvin(1992)은 이 유형의 유아들 중 3세 이후 아이들은 자신의 애착대상을 대할 때 비일관적(비조직적)인 전략을 사용하기보다는 '통제' 유형의 방식을 보인다고 하였다. 그렇기 때문에 엄마와 떨어지거나 다시 만나는 상황에서 아이는 엄마에게 야단치고 명령하며 주도권을 잡으려고 한다.

② 부모 특성

이 유형의 자녀를 둔 부모들은 실험 내내 정서가 우울하고 두려워하는 듯한 표정과 행동을 취한다. 엄마가 블록으로 뭔가를 만든 후 아이에게 검사를 받듯이 내밀자 아이가 비웃듯이 '이거 아냐. 하지 마'라며 부숴 놓아도 힘없이 웃으며 당연한 듯 받아들인다. 분리나 재결합 때는 자신 없이 머뭇거리며 문 앞에 기대서거나 쪼그려 앉아서 아이의 허락을 기다리거나 아이가 자신을 위로해주기를 기다리는 식으로 상황에 대한 실행 조정권을 아이가 행사하게 한다.

(5) 불안정–기타 애착–비조직/기타형 양육행동

① 유아특성

이 유형의 유아는 실험 내내 전반적으로 편안하거나 안정적이지 못한 특성을 보인다. 엄마와 첫 번째 재회상황에서는 엄마를 힐끗 본 후 혼잣말을 하며 엄마를 회피하였다가, 두 번째 재회생황에서는 엄마를 보며 인형을 입에 물고 몸을 비틀며 애교행동을 보이는 의존적인 전략을 사용하는 등 혼재된 양상을 보인다.

② 부모 특성

이 유형의 자녀를 둔 부모들은 첫 번째 재회상황에서 아이의 정서를 무시하고 곧바로 아이의 놀이를 강요하는 회피유형이었다가, 두 번째 재회상황에서는 오히려 아이가 놀이를 하고 싶어 하는데도 불구하고 안아주며 '엄마 안 보고 싶었어?'하며 곁에 두려고 하는 식의 몰입유형을 보이는 등 혼재된 양상을 보인다.

3. 건강한 애착발달 요건

위에서 살펴본 바와 같이 아이들의 애착발달은 다양한 유형으로 나타난다. 그중 안정적으로 애착을 형성한 아이들의 경우 몇 가지 발달적·환경적 요건을 갖추었음을 문헌과 임상현장에서 발견할 수 있다. 아래에서는 건강한 애착발달을 이룬 아동들의 공통적 발달요건에 대해 살펴보기로 하겠다.

1) 아이

(1) 타고난 기질적 특성

갓 태어난 아기의 키, 몸무게, 얼굴 모습이 서로 다르듯이, 아기의 행동유형 또한 출생 시부터 상당한 차이를 보인다. 예를 들어, 어떤 아이는 조금만 배가 고파도 자지러질 듯 울지만 어떤 아기는 아주 느리고 순한 울음소리를 낸다. 어른이 안아주면 좋아하고 달라붙는 아이가 있는 반면에 혼자 놀기를 더 선호하는 아기도 있다. 이처럼 정서적 표현양식과 환경의 자극에 대한 반응양상의 차이를 통해 식별할 수 있는 영아의 성격의 개인차를 '기질'이라 부른다(송명자, 1995).

기질은 크게 다음과 같이 3가지로 분류된다.

① 순한 아동: 수면, 음식 섭취, 배설 등의 일상생활습관에 있어서 대체로 규칙적이다. 새로운 음식을 잘 받아들이고, 낯선 대상에게도 스스럼없이 잘 다가가며, 환경의 변화에 대한 적응력도 높다. 대체로 평온하고 행복한 정서를 많이 느끼는 편이다.

② 까다로운 아동: 순한 아동과 정반대의 특성을 가지고 있다. 생활습관은 불규칙적이며 예측하기 어렵고, 환경으로부터의 자극이나 욕구좌절에 대한 반응강도가 강하다. 즉, 변화를 받아들이는 데 많은 시간을 필요로 하기 때문에 새로운 음식을 받아들이는 속도가 늦고, 낯선 사람에게 의심을 보이며, 환경의 변화에 대한 적응이 늦은 편이다. 크게 울거나 웃는 등의 강한 정서가 자주 나타나며, 부정적인 정서도 자주 보인다.

③ 반응이 느린 아동: 상황의 변화에 대한 적응이 늦고, 낯선 사람이나 사물에 부정적인 반응을 보이는 점에서는 까다로운 아동과 유사하다. 그러나 까다로운 아동과 달리 활동이 적고 반응강도 또한 약하다. 수면, 음식 섭취 등의 생활습관은 까다로운 아동보다 규칙적이지만 순한 아동보다는 불규칙하다.

순한 기질을 가지고 태어난 아동은 까다로운 기질의 아동보다 부모를 덜 당황스럽게 하고 부모의 양육을 더 순조롭게 하여 안정적인 애착을 형성할 가능성이 높다. 그러나 기질 자체가 애착에 직접적인 영향을 미치는 것은 아니다. 까다로운 기질을 가지고 태어난 아이들도 안정애착을 형성한 경우가 많고 순한 기질의 아동이 불안정한 애착을 형성한 경우도 많다. 다만 이러한 기질적 특성을 가지고 있는 아이가 어떠한 양육환경 속에서 성장하느냐에 따라 안정애착을 형성할 수도 있고 아닐 수도 있을 뿐이다. 때문에 부모는 아이의 기질을 잘 파악하여 이를 존중하며 아동이 타고난 기질을 안전하게 발현하며 생활할 수 있도록 양육한다면 안정애착 형성에 도움이 될 것이다.

(2) 부정적 경험의 최소화

영유아기 아이들은 양육자와 분리경험 혹은 충격적인 사건 등을 경험했을 때 공포감을 느끼게 되고, 이러한 공포감은 애착형성을 위태롭게 만들기도 한다. 가장 흔한 예로 36개월 이전 아이가 동생 출생으로 인해 일정기간 부모와 이별하여 조부모와 함께 지내는 경우, 혹은 부모의 부부관계 불화로 인해 잦은 다툼을 목격하거나 실제 한쪽 부모와 분리되어 성장하는 경우 등이 이에 해당한다. 따라서 애착형성의 결정적 시기에 발달적으로 미숙하고 준비되지 않은 아이들에게 부정적 경험은 최소화되어야 한다. 특히 어린 아동들이 이와 같은 감당할 수 없는 경험을 하게 될 경우 건강한 애착발달에 적신호가 생긴다. 안정애착을 형성한 아이들이라고 할지라도, 두려운 경험이나 자극으로 인해 일시적으로 불안정을 경험하기도 한다.

따라서 건강한 애착발달을 위한 두 번째 요건으로 예측할 수 없는 부정적 경험을 최소화해야 한다. 그러나 그런 경험이 현실적으로 불가피하다면 양육자와 충분하고 질적인 상호작용(필요할 때 즉각 반응을 보이는 엄마)을 하며, 다른 구성원들이 일관적이고 예측이 가능한 환경을 조성하도록 노력하는 것이 필요하다.

2) 부모

(1) 자녀와 부모의 기질적 조화

아이의 '기질'은 부모의 양육행동, 주어진 환경과의 적합한 조화를 통해 성장에 도움이 될 수도 있고 해가 될 수도 있다. 앞서 언급한 것처럼 까다로운 기질 자체가 불안정애착을 형성하는 데 직접적 영향을 미친다고 볼 수는 없다. 이러한 기질을 어떻게 주변에서 잘 받아주느냐가 그 무엇보다 중요하다. 이를 '조화의 적합성'이라고 한다. 예를 들어 생각해보자. 깔끔하고 계획한 대로 일 처리하는 것을 좋아하는 성격을 지닌 엄마가 매우 예민하고 까다로운 아이를 키운다면 어떠한 일들을 예상할 수 있을까? 예민하고 까다로운 아이들은 수면패턴이나 식습관이 불규칙한 편이고, 아주 작은 자극에도 민감하게 반응하고 쉽게 불편함을 느낀다. 어떤 엄마들은 이런 특성을 지닌 아이들을 키우면서 '애들 셋은 키우는 것 같아요'라며 힘들다는 호소를 하기도 한다. 그만큼 아이에게 많은 에너지를 쏟는데도 불구하고 여전히 답답할 수 있으며, 짜증이 날 수도 있다. 또한 엄마 패턴에 아이를 맞추기 위해 아이의 리듬에 상관없이 정해진 시간에 먹고 자는 것을 강요할 수도 있다. 이때 엄마는 자신이 계획한 대로 따라 와주지 않는 아이가 미울 수도 있고, '내가 엄마로서 부족한 사람인가?'하는 생각이 자주 들면서 자신감을 잃을 수도 있다.

(2) 민감하고 일관적이며 반응적인 양육행동

편안하게 놀거나 자고 있던 아이가 울면 엄마는 곧바로 아이 울음소리가 무엇을 의미하는지 알아내야 한다. 민감한 엄마일수록 상황에 따라 미묘하게 다른 울음소리를 즉시 알아차려서 기저귀를 갈아주거나, 젖을 물려주거나 혹은 안아줌으로써 아이가 다시 편안한 상태로 돌아가는 데 그리 오랜 시간을 쓰지 않는다. 즉, '으응~ 우리 아기 배고프구나. 엄마가 맘마 줄게~', '아이고~ 놀랬구나! 이제 괜찮을 거야. 엄마가 안아줄게'라는 다정한 말투와 적절한 신체접촉, 눈맞춤을 자연스럽게 할 수 있다면 아이에게 엄마는 '충분히 괜찮은 엄마'인 셈이다. 또한 자신의 기분에 따라 아이에게 대하는 방식이 달라지는 것이 아니라 일관적으로 아이를 대할 수 있어야 한다. 그래야 아이는 '아~ 세상은 내가 원하는 것이 있으면 즉각적으로 해결해주고, 언제든지 내가 믿고 기다릴 수 있는 곳이구나!'하고 온몸으로 안정감을 느낄 수 있게 된다. 남편 때문에… 시어머님 때문에… 회사에서 엄청나게 쏟아지는 일 때문에 받는 스트레스를 아이에게 고스란히 전달하며 혼란스러움을 주는 엄마가 아닌 '늘 그대로인 엄마'의 역할이 안정애착 형성에 필수이다.

(3) 원부모와의 애착

부모 자신의 부모로부터 어떤 보살핌을 받았고, 그때의 느낌이 어떻게 남아 있는가에 따라 자녀를 대하는 방식이 달라질 수 있다. 애착의 세대전이란 부모가 과거 원부모와 형성한 애착유형이 현재 자녀와의 관계로 다시 전달되는 것을 의미한다. 과거 부모와의 긍정적 애착경험이 현재 자녀와의 관계에 전달되어 부모–자녀관계가 원만한 경우도 많다. 그러나 많은 경우 과거 부모-자녀관계에서의 애착문제가 현재 자녀에게 전달되는 과정에서 혼란을 겪고 아동이 문제행동을 일으키기도 한다. 그렇기 때문에 부모는 항상 자신이 어렸을 때 부모로부터 받고 싶었는데 얻지 못한 것은 무엇이었는지, 반대로 원치 않은 것이었는데 강압적으로 받아야 했던 것이 무엇이었는지를 돌이켜봐야 한다. 자신에 대한 점검이 선행되어야 비로소 내가 아닌 우리 아이가 무엇을 필요로 하는지 생각할 수 있게 된다. 여기에서 '무엇'은 사람의 마음, 감정, 물건, 교육, 물리적 환경 등등 여러 가지가 포함될 수 있다.

(4) 부모의 신체 및 정신 건강

3세 미만 아이에게서 '엄마'는 세상의 전부와도 같은 존재이다. 엄마가 몸이 매우 아프거나 혹은 정신적 스트레스가 심각하다면 아이의 세상은 흔들리고 있는 것이다. 안전기지가 튼튼해야 아이는 안심하고 마음껏 새로운 세상을 탐색할 수 있다. 동시에 바깥세상에서 위험을 느끼면 아이는 바로 엄마에게 돌아와 위안을 받으려고 한다. 그런데 만약 엄마가 신체적 혹은 정신적으로 건강하지 못하다면 아이는 충분히 편안함을 느낄 수가 없게 된다. 어떤 경우에는 아이가 엄마를 걱정하고, 엄마를 챙겨주려는 행동을 취하기도 한다. 아이는 어디까지나 아이다워야 한다. 호기심이 생기면 그것을 탐색해봐야 하고, 어려움이 생기면 누군가에게 충분히 보살핌을 받아야 한다는 의미이다.

3) 환경

(1) 부부관계

양육의 1차 책임역할은 엄마의 몫이다. 영유아기 아이들은 스스로 할 수 있는 행동이 극히 적다. 또한 아이는 가까운 거리에 엄마가 있기를 원하고 자주 신체적 접촉을 통해 안정감을 느끼려 하기 때문에 엄마는 몸이 열 개라도 모자랄 정도로 매순간 바쁘고 힘이 들 수밖에 없다.

엄마로서의 역할 외에 아내, 며느리의 역할에도 충실해야 한다. 특히 결혼 후 1~2년 이내에 첫 아이를 낳은 엄마의 경우 여러 가지 역할에 대한 충분한 적응이 되어 있지 않은 상태이기 때문에 정신적 여유 또한 넉넉지 않다.

한편, 어린 자녀를 둔 아빠는 한창 경제적 활동을 왕성하게 할 시기에 놓여 있다. 퇴근 후 소파에 누워 TV 야구중계를 보면서 휴식을 취하고 싶은 마음이 간절하지만, 퇴근 시간만을 기다려 온 아내를 위해 남편은 자기만의 시간을 아이와 함께 공유해야 할 수도 있다. 아이를 봐달라는 아내의 요구에 진짜 '봐주기만' 하는 남편은 아이가 TV 앞에 서성이는 것으로 자신의 의무를 다하려고 할 수도 있다. 이 순간 아내는 그동안 쌓아둔 서러운 감정을 털어놓으며 남편을 야속하게 생각할 것이다. 의존성향이 강한 아내일수록 실망감은 더욱 클 것이며, 우울증 아닌 우울증을 경험하게 된다. 결국 아내의 정신적 스트레스는 자녀 양육에 부정적 영향을 미치게 된다. 남편이 할 수 있는 일은 아내를 대신하여 아이와 놀아주는 일, 간단한 쓰레기 분리수거하는 일 등이 될 수 있겠지만, 사실 그보다 더 중요한 것이 있다. 퇴근 후 아내와 마주했을 때 따뜻한 말 한마디이다. 하루 종일 아이를 돌보느라 힘들었을 것이고, 마음대로 잘 따라와 주지 않는 아이가 답답하게 느껴졌던 순간들에 대한 공감적 표현을 아내에게 해보자. 아내는 그 어떠한 선물보다 소중하게 여길 것이고, 이러한 표현에 힘입어 더욱 엄마역할에 대한 자신감을 가질 것이다. 결과적으로 아이는 일관된 엄마의 반응 속에서 충분한 상호작용을 통해 안정애착 경험을 반복적으로 하게 된다.

(2) 대리양육자

맞벌이 부부들 중에는 아이의 양육을 위해 베이비시터나 가사도우미의 도움을 받기도 한다. 혹은 (외)조부모님의 도움을 받기도 하는데 종종 멀리 떨어진 할머니 댁에 1~3년 정도 아이를 맡겨두고 주말마다 아이를 만나러 가는 부모들을 주변에서 쉽게 볼 수 있다. 이때 아이는 부모와 떨어져 지낼지라도 주 양육자와 오랫동안 일정한 관계를 안정적으로 맺게 된다면 안정애착을 형성할 수 있다. 중요한 것은 다시 부모가 아이를 데려와 양육할 시점에 어떻게 아이와 관계를 맺느냐이다. 아이와 부모 모두 서로가 익숙하지 않기 때문에 일시적으로 아이는 불안정을 경험하게 된다. 공교롭게도 부모가 아이를 데려온 후에도 직장 일을 계속 해야 한다거나 다른 자녀를 임신 중일 때가 흔하기 때문에, 엄마 품에 돌아오자마자 아이들은 낮 시간 동안 유치원이나 어린이집이라는 교육기관에도 적응해야 한다. 이때 아이들은 잠을 깊게 자지 못하기도 하고, 이유 없는 떼를 쓰기도 하면서 부모를 힘들게 한다. 이런 경우 부모는 열일 제쳐두고 아이와 친해지는 시간을 먼저 가져야 한다. 사람이 너무 많지 않은 공원 등으로 함께 산책도 하고, 즐거운 기분 속에서 맛있는 것도 먹으면서 아이가 편안함을 느낄 수 있도록 도와주어야 한다.

4. 안정애착을 형성한 아이들의 특성

1) 인지

안정애착의 유아는 낯설거나 복잡한 대상을 두려워하거나 위협적으로 느끼지 않는다. 오히려 호기심을 가지고 적극적이고 능동적으로 탐색한다. 이러한 행동은 새로운 것을 스펀지처럼 흡수하는 어린 아이들의 인지발달을 촉진시키는 역할을 한다.

더불어 안정적으로 애착형성을 한 아이들은 다양하고 새로운 방식으로 문제를 해결하려는 시도를 기꺼이 하려고 한다. 정리하면 안정애착을 형성한 아이들은 엄마의 안전기지를 중심에 두고 세상을 향한 호기심을 마음껏 발산하여 다양한 정보를 얻어 인지적으로 발달할 수 있게 된다.

2) 정서

아이는 부모와 함께할 때 행복이나 즐거움의 정서가 많이 나타난다. 그러나 혼자 있어야 하는 상황에서도 집중할 수 있는 무언가를 찾아서 몰입하고 만족하면서 즐거움을 찾아낸다. 애착형성이 안정적으로 된 아이들은 부모와의 관계에서 얻은 긍정적 정서를 바탕으로 늘 행복해 보이고 사랑스러운 표정과 무드로 다른 사람들과의 관계에서도 행복을 샘솟게 한다. 또한 정서적 안정을 바탕으로 과업에 몰입할 수 있는 힘과 동기가 생겨 이후 다양한 방면에서 최대의 잠재능력을 발휘할 수 있게 된다.

3) 사회성

Fein(1981)은 상징놀이가 다른 사람의 입장에서 타인을 이해하는 데 극히 중요하기 때문에 상징놀이와 사회성은 깊은 상관관계가 있다고 하였다. 안정적인 애착을 형성한 유아들은 상상놀이에 지속적으로 참여하며, 가상놀이에 함께 참여하기를 더 잘하는 유아들은 "마음읽기"와 정서적 이 해력이 더 뛰어나다는 연구(Fonagy, 1998)도 제시되었다.

또래 아이에게 더 많은 애정과 관심을 보이고, 놀이장면에서 주도권을 가지며, 또래와의 상호작용이 많고 덜 공격적이다. 교사들도 안정애착 유아를 자아존중감이 높고, 공감적이며 사회적 기술이 높고, 친구가 많은 아이로 평가하였다. 또래 사이에서도 보다 인기 있는 아이로 평가되었다(Sroufe, 1983). 애착형성이 잘된 아이들은 훌륭한 리더십을 보인다. 그 외에도 인간관계에서 얻는 행복감이 높기 때문에 사람관계에서 불편함보다는 새로운 사람을 만나는 것을 좋아하고, 친구와 함께 어울려 노는 것을 즐거워한다.

5. 불안정애착을 형성한 아이들의 특성

1) 인지 및 언어

원하는 것이 있을 때 곁에 있는 어른을 잡아끄는 이상의 의사소통을 하기 어렵다. 일반 아동들이 돌 정도면 가능한 '싫다'는 표시의 고개 흔들기도 제대로 하지 않으며, 기분 나쁠 때는 소리를 지르거나 머리 박기 등의 자해 행동을 보이기도 한다. 알아듣는 것에 비해 말로 표현하는 능력이 부족하긴 하지만, 어느 순간에는 갑자기 문장 수준의 말을 하기도 하는 등 기분상태에 따라서 언어표현능력이 크게 좌우되기도 한다.

2) 정서

아동의 내적실행모델은 정서의 이해 및 기억에 영향을 미친다. 안정애 착아동은 긍정적 사건을 더 잘 기억하고, 불안정애착아동은 부정적 감정을 더 잘 기억하고 처리하는 등 부정적 감정에 더 민감하다. 이는 불안정애착아동이 타인과의 상호작용에서 부정적 감정에 더 자주 노출되고 대응했기 때문이다.

발달특성상 만 2세 이전의 아이들은 스스로 자신의 감정을 조절할 수 있는 능력이 없기 때문에 주양육자와 같은 외부 조절자에 의해 생리적·정서적 조절을 하게 된다. 그런데 이 시기에 엄마가 우울하거나 많이 지쳐 있을 경우, 아이에게 대부분 민감하지 않은 반응들을 보이게 된다. '왜 또 우는 거야!', '내가 널 낳은 걸 정말 후회한다!' 등의 표현과 엄마의 화난 표정은 아이의 불편함을 더욱 자극시켜 더 크게 울거나 더 심하게 떼쓰는 행동을 하는 아이로 만들어버린다. 짜증이 많고 기분의 변화가 잦기 때문에 불안정애착을 형성한 아이들의 대부분은 '정서조절의 어려움이 있는 아이'로 평가된다.

3) 사회성

눈맞춤이 없고 혼자 놀며 타인과의 사회적 교류가 극히 적다. 이는 정상 유아의 사회성 발달에서 타인의 감정과 의도를 자신의 것과 비교하며 상호작용을 할 수 있는 능력인 사회적 참조, 주관적 자기감 분야의 발달에 심각한 문제가 발생한 것이다. 자폐장애에서도 이러한 사회성 발달의 문제를 보이기는 하지만 차이점이 있다. 애착장애아동은 사회인지능력이 자폐아동보다 우수하다. 즉, 타인의 고통에 무관심하기보다는 지나치게 예민하게 반응하는 패턴을 보인다. 또한 애착장애아동은 평가자와 친근해지면 모방행동과 상호작용이 증가하여 주양육자와의 놀이에서 보다 상호작용이 증가한다.

4) 행동

부모와 안정적인 애착관계를 형성하지 못한 아동은 안정감을 느끼지 못하고, 더불어 능력 있고 가치 있는 존재로서의 자신에 대한 내적실행모델을 발달시키지 못한다. 따라서 불안이나 좌절을 일으키는 상황 대처에 미숙하고, 여러 가지 형태의 부적응적 행동을 보이게 된다(Thompson, 1998).

짜증이 많고 기분의 변화가 심한 것과 같이 감정과 행동 조절이 잘 되지 않기 때문에 특정한 것에 고집을 부리고 집착한다. 자신의 뜻이 관철될 때까지 분노발작을 하면서 타인의 요구를 수용하지 않으려고 한다. 이런 과정에서 부모나 형제자매, 다른 사람, 심지어는 자신에게 신체적 공격을 하기도 하고,

물건을 부수거나 던지는 등의 문제행동을 보인다. 갑자기 우유가 먹고 싶다며 엄마에게 좋아하는 특정 브랜드의 우유를 당장 내놓으라며 떼쓰는 아이를 예로 들어보자. 너무 늦은 시각이라 엄마가 사줄 수 있는 상황이 되지 않아 집에 있는 다른 우유를 주며 달래보려고 하지만 아이는 전혀 반응을 보이지 않는다. 오히려 더 큰 소리로 'OOO 우유!'를 외치며, 흥분한 감정을 조절하지 못해 발을 동동 구르거나 손에 잡히는 물건을 마구 집어던지기도 한다. 시간이 지나 조금 지쳤는지 목소리는 작아졌지만 여전히 분이 풀리지 않은 아이는 잘 자고 있는 동생에게 살그머니 다가가 '아이~ 예뻐'하면서 손가락으로 눈을 찌른다거나 한 대 툭 치고 모르는 척하는 행동을 하기도 한다.

5) 일상생활에서 흔히 볼 수 있는 문제들

앞서 설명한 바와 같이 둔감한 엄마, 일관성 없이 대하는 엄마의 품에서 자란 아이들은 자신의 감정을 조절하는 방법이나 의사를 표현하는 방식을 충분히 익힐 기회가 별로 없다. 그렇기 때문에 안정적인 아이들에 비해 행동문제를 더 자주 보이게 된다. 반응이 더딘 엄마의 주의를 끌기 위한 전략으로써 더 크게 울고, 화내고, 공격적인 행동을 보일 수도 있다. 또는 어떻게 해도 편안한 상태를 유지할 수 없는 것에 대한 아이의 좌절이 과도한 감정표현으로 드러나는 것일 수 있다. 나름 아이의 생존방식이라고 볼 수 있 는데, 민감하지 않은 부모는 이러한 행동을 모두 문제라고만 여기는 오류를 범하기도 한다. 불안정애착을 형성한 아이들이 성장하면서 보일 수 있는 흔한 행동문제들을 가족관계, 또래관계, 교육기관 장면으로 나누어서 살펴보려고 한다.

(1) 가족관계

① 부모에게 지나친 의존

불안정애착을 형성한 아이들 중 일부는 낯선 상황에 대한 두려움, 불안, 공포감을 유난히 많이 느낀다. '엄마랑 같이 갈 거야!', '엄마가 대신 해줘!' 등의 표현이 잦은 아동들이 여기에 해당된다. 충분히 혼자 할 수 있음에도 불구하고 엄마에게 요구하는 것이 많다거나, 혹은 집에서는 혼자 잘하지만 밖에만 나오면 사람들의 시선을 의식하며 엄마에게 떨어지지 않으려고 한다. 엄마 또한 걱정이 많고 불안이 높은 사람이라면 은연중에 '그래~ 그럼, 엄마가 다 해줄게' 식으로 아이를 대하는 실수를 하게 된다. 이 경우 아동의 의존심은 '나는 혼자서 아무것도 할 수 없어'와 같은 무력감으로 이어지게 되고, 결국 또래관계 및 교육기관 적응의 어려움으로 이어진다.

② 형제·자매 간 갈등

부모와 안정 애착을 형성한 아동 및 청소년은 더 온정적이고 갈등수준이 낮은 형제자매관계를 형성한다는 연구결과가 있다. 그렇기 때문에 아이들끼리 늘 시기나 질투가 잦고, 이로 인해 싸움이 빈번할 경우 부모-자녀 간의 갈등을 먼저 검토해보는 것이 중요하다. 예를 들어보자. 영유아기 시절 충분히 부모로부터 사랑받고 전적인 의존을 통해 안정감을 느껴야 할 시기에 동생이 생겼다거나, 부모의 경제적 어려움 혹은 부부 갈등으로 인해 함께 보낸 시간이 많지 않은 아이들이 있다. 이러한 사건들은 아이에게 안정감 대신 박탈감을 제공하게 된다. 내가 독차지하려고 하는 사랑을 동생에게 뺏겼다는 생각이들 때마다 아이들은 동생에게 슬쩍 다가가 웃는 척하면서 손가락으로 눈을 찌르거나 발을 차는 행동을 하게 된다. 혹은 동생이 입는 옷, 동생이 먹는 모든 음식을 빼앗아 먹기도 한다. 좀 더 큰 아이들의 경우, 동생에게 소리 지르기, 구박하기, 놀리기 등의 부적절한 행동을 흔히 보인다.

(2) 또래관계

① 집착형

지나치게 겁이 많고, 새로운 곳에 가거나 낯선 아이들과 어울려 노는 것을 두려워하는 아이들이 있다. 부모 또한 걱정이 많고, 사람들과 어울리는 것을 선호하지 않는 성향을 가지고 있다면 이들 둘의 관계는 친밀함을 넘어 지나치게 밀착되어 있을 수 있다. 어려서부터 둘이 아닌 상황을 경험해볼 기회가 많지 않았기 때문에 아이는 학교나 집단 속에서 여러 사람과 상호작용할 때 불편함을 경험하게 된다. 특정 친구와 아주 깊은 관계를 맺을 때 편안함을 느끼기 때문에 그 친구와 모든 것을 함께하고 싶어 한다. 물론 둘도 없는 단짝을 만난다면 다행이겠지만, 이는 쉽지 않은 일이다. 단짝 친구가 다른 친구와 눈 마주치고 이야기하는 것을 보면 굉장히 속상해하고 서운해한다. 혹은 자신에 대한 친구의 마음이 변했다고 생각하면서 오히려 먼저 그 친구에게 절교를 선언하기도 한다. 이러한 성향은 관계를 더욱 중요시하는 여자아이들에게 더 많이 나타나는 특성이기도 하다.

엄마와 지나치게 밀착되어 있는 경우와 반대로 늘 엄마가 바빠서 마음의 여유가 없었거나, 엄마는 최선을 다한다고 했지만 아이는 애정욕구가 워낙

커서 늘 허전함을 느끼며 성장한 아이들 또한 엄마에게서 충족되지 못한 사랑과 관심을 특정대상을 통해 채우려고 하기도 한다. 이런 경우 아이들은 친구에게 지나치게 친절하고 양보하는 특성이 있는데, 그 마음속에는 자신도 그만큼 어쩌면 그보다 더 큰 관심을 받고 싶은 무의식적 욕구가 담겨져 있을 수 있다.

② 회피형

애착대상인 엄마로부터 거부당한 경험이 많은 아이들은 상처받은 자신을 보호하기 위해 먼저 마음의 문을 닫고 다른 사람을 거부하기 시작한다. 엄마에게 느꼈던 좌절 경험을 또다시 재현하지 않기 위해 아이는 사람들과 어울려 지내고 싶은 욕구를 억압하고 방어벽을 쌓게 된다. 특히 낯선 상황이나 새로운 사람, 새로운 관계를 시작할 시점에서 자신을 보호하기 위한 하나의 방책으로 더욱 무관심하거나 감정을 억제, 억압한다. 겉으로는 관심이 없어 보이고 괜찮아 보이지만 한 연구에 의하면 이런 아이들은 다른 아이들에 비해 낯선 상황에서 심장 박동 수가 가장 높게 나왔다고 한다.

이런 아이들은 내적으로는 외로워하면서도 스스로 왕따를 자처하며 함께 어울리기보다 혼자 노는 것을 선호한다. 마음속에 쌓인 애정좌절 욕구가 때로는 또래들에게 이유 없는 공격성으로 표출되기도 한다. 친구가 놀다가 실수로 자신의 몸을 부딪쳤을 때 과도하게 화를 낸다거나 주먹질을 하는 아이, '애들 노는 게 너무 유치해서 같이 놀 수가 없어!'하면서 혼자 1인 다역을 하며 전쟁놀이에 빠져 있는 아이 등이 이러한 유형에 해당될 수 있겠다.

(3) 교육기관 적응

초기 부모-자녀관계에서 안정애착을 경험한 아이들은 '세상이란 이렇게 안전하면서도 즐거운 곳이구나'라는 느낌을 가지고 새로운 세계에 기꺼이 참여하려고 한다. 그러나 불안정애착유형의 아이들은 이러한 느낌을 초기에 부모로부터 받은 경험이 극히 적다. 엄마에게 지나치게 의존하며 혼자서는 아무것도 하지 않으려고 할 수 있다. 이런 특성, 다시 말해 사회화가 제대로 이루어지지 않은 아이들이 어느 날 갑자기 교육기관에 발을 내딛게 될 때 분리불안장애를 겪게 되고 등원(교)거부 행동을 보이게 된다(마음맑음 시리즈 『등교거부 아이 달래기』편 참조).

요즘 부모는 보통 자녀가 만 3세쯤 되면 유치원이나 어린이집에 보낼 계획을 세운다. 그곳에 가면 친구들도 만날 수 있고, 엄마가 다 알려주지 못한 다양한 내용들을 배웠으면 하는 기대가 있기 때문이다. 그러나 사회화가 덜 된 아이들은 부모의 바람과 달리 선생님이나 또래의 관심을 위협적으로 느낀다거나 새롭고 다양한 시설 및 교육내용을 매우 낯선 것으로 받아들일 뿐이다.

PART 02

애착이론과 측정

1. 애착발달이론

애착의 형성과 발달에 대한 설명은 발달이론에 따라 조금씩 차이가 있기는 하지만, 생후 1년 이내에 특정 대상과 정서적 유대관계를 형성한다는 것에 대해서는 동일한 입장을 취하고 있다. 그중에서 초기 애착이론의 선두주자인 Bowlby(1969)와 Ainsworth(1973)는 〈표 2〉와 같이 영유아의 애착발달단계를 구분하여 설명하고 있다.

본 장에서는 선행 애착이론 연구자들이 제시한 발달단계를 종합하여 영아기, 유아기, 아동기별 애착형성이 어떻게 이루어지는지를 정리·요약하고자 한다. 단, 각 발달단계마다 명확한 경계가 있는 것이 아니고, 개인차가 있기 때문에 시기가 명확하지 않을 수 있다. 또한 전반적 발달 특성과 관련하여 애착형성을 정리하였기 때문에 각 단계의 초기와 후반기 시기가 전후단계와 중복되기도 한다.

표 2 Bowlby(1969)와 Ainsworth(1973)의 애착발달단계

형성시기	Bowlby(1969)	Ainsworth(1973)
영아기	무분별한 사회적 반응단계 (출생~12주) 무분별한 사회적 반응단계 (출생~12주)	전 애착단계 (출생~6주)
		애착형성단계 (6주~8개월) 애착형성단계 (6주~8개월)
	변별된 사회적 반응단계 (3개월~8개월)	
	특정한 애착대상에 대한 근접성 유지단계 (8개월~3세) 특정한 애착대상에 대한 근접성 유지단계 (8개월~3세)	애착단계 (8개월~18개월)
		상호관계의 형성단계 (18개월 이후) 상호관계의 형성단계 (18개월 이후)
유아기	목표수정적 동반자 관계 (유아기)	

1) 영아기(출생~만 2세) 애착발달과정

(1) 무분별한 사회적 반응단계(6~12주)

Bowlby는 영아의 첫 번째 애착형성단계를 '무분별한 사회적 반응단계'로 명명하였으며, 보통 출생 후부터 6~8주(또는 12주)까지 이 시기에 해당한다고 보았다. 이 시기의 영아는 모든 사람들에게 손을 뻗치고 미소를 짓거나 옹알이 등과 같은 사회적 신호를 보이기 때문에 Ainsworth 또한 영아의 이러한 행동들이 아직 애착행동이 아니므로 '전 애착단계'라고 명명하였다.

이 시기 영아의 전반적 발달 특성과 관련하여 애착의 형성을 살펴보면

다음과 같다.

① 감각발달

감각발달과 관련하여 3개월 전까지 영아는 시각이 완전히 발달하지 않기 때문에 사람의 얼굴과 다른 형태를 구별하기 어렵다. 그렇지만 후각이나 청각 또는 미약한 시각 능력이 발달하는 6주 정도가 되면, 익숙한 모유 냄새, 사람이나 물체의 소리, 가까운 거리에서 움직이는 형체 등과 같은 외부 자극에 대해 서서히 반응을 보이기 시작한다. 그러나 이러한 반응은 대부분 신생아기나 초기 영아기에 보이는 반사운동이 대부분이다. 아직 애착반응을 위한 준비가 되지 않았다고 볼 수 있다.

② 신체발달

이 시기 영아의 신체발달의 경우 출생 직전에 비해 체중이 약 2배 정도 증가하기는 하지만, 운동발달의 경우 턱이나 가슴을 들 수 있다거나 가까이 있는 물체에 손을 뻗칠 수 있는 정도에 머무른다. 그렇기 때문에 다가가기, 붙잡기와 같은 적극적인 애착행동을 위한 준비가 되지 않은 상태라고 볼 수 있다.

③ 인지발달

Piaget의 인지발달과 관련하여 살펴보면, 이 시기 영아들은 다양한 감각운동(빨기, 잡기 등)의 반복을 통해 신체의 움직임에 대한 즐거움을 느끼고 이를 반복한다. 즉, 이러한 행동이 특정 사람과 친밀해지기 위한 목적으로 나타나는 것이 아니라, 우연하게 일어난다고 볼 수 있다. 다만, 반복적인 감각행동을 통해 서서히 자신이 아닌 다른 환경을 인식하기 시작하는 것일 뿐이다. 또한 눈앞에 보이는 움직임에 대해 흥미를 가질 수는 있지만 시야에서 사라지면 더 이상을 관심을 보이지 않는다. 이는 '대상 영속성'이 완전하게 발달하지 않았기 때문이며, 그렇기 때문에 양육자가 사라지더라도 다시 가까워지기 위한 애착행동을 할 수 없는 시기이다.

④ 정서발달

정서발달의 측면에서 이 시기 영아는 기쁨이나 불쾌함 정도만을 표현할 수 있다. 출생 직후부터 영아는 배고픔이나 고통으로 인해 불쾌한 경험을 많이 하게 되며, 이를 울음으로 표현한다. 4~6개월 정도가 되면 움직이는 물체나 사람의 얼굴을 볼 때 미소를 보이며, 이를 '사회적 미소'라고 부른다. 이와 같은 울음이나 미소는 Bowlby와 Ainsworth가 정의한 것처럼 특정 대상과 가까이 하기 위해 보이는 것이 아니기 때문에, 정서발달 측면에서도 아직 애착이 형성되었다고 볼 수 없는 시기이다. 분노나 놀람 그리고 공포와 같은 정서가 3개월 이후 발달한다는 것 또한 이 시기 영아와 양육자의 분리가 '애착관계' 측면에서 의미가 없다는 것을 지지하기도 한다.

위에서 살펴본 바와 같이 이 시기 영아의 측면에서는 애착형성을 위한 준비가 되지 않았다고 볼 수 있다. 그러나 부모는 아이가 보이는 모든 긍정적 행동에 대해 신기해하며 기뻐한다. 잦은 수유와 불규칙한 수면 등으로 양육에 어려움을 겪기도 하지만, 한편으로는 '내가 없으면 아이가 불편해한다'는 경험을 통해 엄마로서의 특별함을 느끼게 되고, 엄마는 더욱 아이와 친밀한 관계를 맺으려 노력한다. 그렇기 때문에 이 시기 자녀를 둔 엄마의 측면에서는 아이와 애착을 형성할 준비를 하기 시작한다고 볼 수 있다.

(2) 분별적 사회적 반응단계(2개월~8개월)

생후 2~3개월에서 6~8개월경까지 지속되는 이 시기에 영아는 사람들에게 친밀하게 접근하려는 시도를 한다. 특히 자신과 친숙한 사람들에게 집중적으로 적극적인 사회적 행동을 나타낸다. 따라서 Bowlby는 이 시기를 '분별적 사회적 반응단계'로 정의하였으며, Ainsworth 또한 Bowlby와 유사한 개념을 바탕으로 '애착형성단계'라고 명명하였다.

이 시기 영아의 전반적 발달 특성과 관련하여 애착의 형성을 살펴보면 다음과 같다.

① 감각발달

이 시기 영아는 이전 단계에 비해 시각이 발달하게 되면서 낯익은 얼굴과 낯선 얼굴을 구별할 수 있다. 또한 청각적으로도 익숙한 목소리를 구별할 수 있으며, 소리가 나는 방향으로 정확히 쳐다보는 것 또한 가능하다. 촉각발달이 활발해지면서 촉각을 통해 편안함을 얻으려는 경향이 두드러지기도 한다. 촉각의 경우 영아가 양육자와 관계 맺는 데 매우 중요한 역할을 한다. 아기를 쓰다듬어주거나 아기의 가슴에 가만히 손을 올려놓으면 우는 아기를 달랠 수 있고, 등을 토닥토닥 두드려주면 아기를 재울 수도 있기 때문이다.

또한 부모의 품안에서 아이는 온몸의 접촉을 통해 편안함을 느끼기도 한다. 그러므로 이 시기 영아는 익숙한 사람 즉, 자신을 주로 돌봐주는 사람에게 애착행동을 표현할 수 있게 된다.

② 신체발달

3~4개월이 되면 뒤집기를 할 수 있다. 붙잡아주면 앉을 수 있던 아이가 5개월쯤 되면 어른의 무릎에 앉을 수도 있게 되고, 7~8개월이 되면 혼자서 앉을 수도 있다. 누워서 움직이는 것이 전부였던 이전 시기에 비해 훨씬 대소근육이 발달하게 됨으로써 보다 엄마와 다양한 방식으로 접촉이 가능하게 된다. 그렇기 때문에 늘 자신을 돌봐주는 사람, 즉 엄마와 더욱 친밀해지는 시간을 가지게 된다.

③ 인지발달

이전 시기와 마찬가지로 감각운동을 통해 인지발달이 이루어지는 시기이다. 반복적으로 자신의 신체를 움직이면서 즐거움을 지속하다가, 4개월이 지나면 자신의 신체 움직임이 우연히 물체를 움직일 수 있게 되는 것에 대해 즐거움을 느끼기 시작한다. 그리고 이러한 행동은 서서히 즐거움을 느끼기 위한 의도적인 행동으로 발전하게 된다. 이 시기가 되면 영아는 눈앞에서 사라진 대상물을 찾는 행동들을 보이기 때문에 이전 시기에 획득하지 못한 대상영속성의 개념이 형성되기 시작한다. 그러나 이후 시기만큼 적극적으로 찾지는 못한다. 인지발달 측면에서 이 시기 영아는 서서히 의도적인 행동을 취하기 때문에 애착대상과 가까이 있으려고 하는 행동을 보다 적극적으로 할 수 있게 된다.

④ 정서발달

3~4개월이 되면 보다 다양한 상황에서 사회적 미소를 짓게 되고, 기쁨의 다른 표현으로 웃을 수도 있게 된다. 울음으로 분노를 표현하던 이전 시기와 달리 성난 목소리로 소리를 지르기도 한다. 또한 공포를 느끼기 시작하는 단계이기도 하다. 6개월이 지나면서 영아는 다른 사람의 얼굴 표정을 인식할 수 있을 뿐만 아니라 그 사람의 얼굴 표정에 드러난 정서에 영향을 받기도 한다. 그렇기 때문에 이 시기 엄마와 잦은 즐거운 상호작용은 서로의 관계를 돈독하게 만들어준다. 한편으로는 아이가 엄마의 불편하고 우울한 표정을 자주 보게 될 경우, 영아의 정서 또한 안정되지 않을 수 있으며 이는 추후 안정된 관계형성에 부정적 영향을 미칠 수도 있다.

⑤ 언어발달

영아는 울음으로만 자신의 의사표현을 할 수 있던 시기에서 한 단계 발전하게 된다. 대부분의 영아는 4~5개월이 되면 옹알이를 할 수 있다. 처음에는 단지 기쁨을 주는 놀이의 의미에서 옹알이를 시작한다. 이후 점차 이를 듣고 좋아하는 부모의 반응을 통해 빈번하고 다양한 방식으로 옹알이를 하게 된다. 그러므로 이 시기 영아는 자신을 돌봐주는 사람을 의식하여 새로운 언어 표현을 사용하게 된다는 측면에서 친밀한 애착관계를 형성한다고 볼 수 있다.

이상에서 살펴본 것처럼 '분별적 사회적 반응단계'(혹은 '애착형성단계')에서 영아는 이전 단계에 비해 훨씬 다양한 발달을 이루게 되고, 자신을 주로 돌봐주는 엄마와 이러한 경험을 자주 나누면서 더욱 친밀한 관계를 형성하게 된다. 엄마 측면에서도 100% 의존적이고 수동적이었던 이전 시기의 모습에 비해 아이가 서서히 혼자 할 수 있는 행동을 보게 되면 부모로서 자신감을 느끼게 된다. 특히 언어발달이 시작되면서 부모는 훨씬 더 아이와 의사소통이 된다는 느낌을 가진다. 그러나 점차 새롭게 형성해야 하는 발달과업이 늘어나기 때문에 우울하고 바쁜 엄마의 입장에서 보면 그리 반가운 일이 아닐 수도 있다.

(3) 특정한 애착대상에 대한 근접성 유지단계(6개월~24개월)

Bowlby는 영아기 애착의 3단계를 '특정한 애착대상에 대한 근접성 유지단계'라고 명명하였다. 본격적으로 주양육자에 대해 능동적인 접근과 접촉추구의 애착행동이 나타나는 시기라는 점에서 Ainsworth(1973)는 이 단계를 '애착단계'라 칭하였다. 이 시기는 일반적으로 생후 6~7개월에 시작되어 1세경까지 나타나지만, 유아에 따라 2~3세까지도 이어진다.

이 시기 영아의 전반적 발달 특성과 관련하여 애착의 형성을 살펴보면 다음과 같다.

① 감각발달

이전 시기 영아가 획득한 감각발달을 그대로 유지하면서 다른 영역의 급속한 발달과 함께 상호작용하여 특정 애착대상에 대한 영아의 애착행동이 증가하게 된다.

② 신체발달

영아는 8개월경이 되면 도움을 받아 설 수 있으며, 10개월이 되면 기어 다니기도 한다. 도움을 받아 걷기 시작하여 15개월이 되었을 때 혼자서 걷는 것 또한 가능해 진다. 대근육의 발달뿐만 아니라 원하는 물건을 정확하게 잡을 수 있는 소근육 또한 발달한다. 대소근육의 발달을 통해 적극적이고 능동적으로 행동할 수 있게 되고, 자연스럽게 영아의 행동범위가 넓어진다. 또한 시행착오적 행동을 통해 원하는 물건을 획득하거나 움직이는 것 또한 가능한 시기이다. 그렇기 때문에 이 시기 양육자와 분리 경험시 적극적인 애착행동(매달리기, 따라가기 등)을 통해 안정을 취하는 것이 가능해진다.

③ 인지발달

이 시기가 되면 목적을 달성하기 위한 행동을 할 수 있게 되는데, 이를 통해 인과관계의 개념을 획득하게 된다. 또한 눈앞에 물체가 사라져도 그것이 없어지는 것이 아니라는 것을 알게 되는 시기이기도 하다. 대상영속성 개념을 달성하는 시기라고 말할 수 있는데, 초반에는 물체가 없어지면 사라진 그곳에서만 찾으려고 하다가, 후반으로 갈수록 다른 곳에서도 찾을 수 있는 능력이 발달하게 된다. 즉, 엄마와 떨어지지 않으려고 의도적으로 행동을 취할 수도 있는 시기이다. 처음에는 엄마가 눈에 보이지 않으면 찾으려고 하는 행동이 나타났다가 후반으로 갈수록 엄마가 시야에서 잠시 벗어나더라도 사라지는 것이 아니라는 것을 인식하게 된다. 그렇기 때문에 잠시 엄마가 자리를 비운 사이에도 안정된 상태를 유지할 수도 있게 된다.

④ 정서발달

돌 전후로 영아는 '사회적 참조'를 많이 하게 된다. '사회적 참조'란 부모 얼굴 표정을 통해 그 상황에서 자신이 어떻게 반응해야 하는지를 판단한다는 의미이다. 정서를 표현하기만 했던 이전 시기와 달리, 이 시기가 되면 다른 사람의 정서를 이해하는 능력도 발달한다는 의미에서 '사회적 참조'를 이해할 필요가 있다. 영아는 낯선 사람이나 물건에 대해 부모의 표정을 살피면서 반응하기도 한다. 때문에 이 시기에 낯선 대상에게 보이는 영아의 반응은 부모의 반응에 따라 달라질 수도 있다. 다시 말해, 부모가 낯선 대상이나 환경을 편안해하지 않고, 곤란해하거나 어려워하는 표정을 자주 보인다면, 아이 또한 새로운 환경 적응을 힘들어할 수도 있다.

이 시기의 영아는 주양육자인 어머니 외에 다른 대상에 대해 배타적이 되고 낯가림과 같이 낯선 사람에 대한 불안을 심하게 나타낸다. 그리고 어머니가 보이지 않을 때에는 격렬한 울음으로 분리불안을 보이고 어머니를 찾아다닌다.

▪ 낯가림

영아가 특정인과 애착을 형성하게 되면 낯선 사람이 다가오거나 부모가 낯선 사람에게 자신을 맡기면 큰 소리로 우는데, 이런 반응을 낯가림이라고 한다. 낯가림은 낯선 사람 그 자체에 대한 반응이 아니고, 익숙한 얼굴과 낯선 얼굴 간의 불일치에 대한 반응이다(정옥분, 2002). 낯가림은 6~8개월경에 나타나기 시작해서 첫돌 전후에 최고조에 달했다가 서서히 감소한다.

대부분의 영아가 낯선 사람에 대한 불안반응을 보이지만, 낯가림의 정도는 기질이나 환경요인에 따라 다르게 나타난다. 부모나 친숙한 성인이 함께 있는 상황에서는 낯가림이 덜 나타나고, 기질적으로 순한 영아가 까다로운 영아보다 낯가림을 덜 하는 편이다. 그러나 낯가림을 전혀 하지 않는 것도 바람직한 것은 아니다. 이런 영아들은 낯선 사람에 대한 변별력이 없기 때문에 애착형성이 잘 이루어지지 않는 경향을 보인다(정옥분, 2002).

■ 분리불안

분리불안은 엄마와 떨어질 때 나타나거나, 낯선 사람을 만났을 때 친숙하지 못한 얼굴에 대하여 두려워하는 현상이다. 이는 6~8개월경에 나타나기 시작하며, 18개월 이후 절정에 이르고, 36개월 이후에는 서서히 소멸된다. 아이가 애착대상인 어머니로부터 떨어지는 경험이 많을수록 더욱 불안이 증가하는 특징이 있다. 아이가 분리불안을 느끼게 되면 위축, 무감동, 슬픔을 보이고 놀이에 집중하지 못한다. 자신의 신변에 과도한 위협을 느끼며 지나친 요구와 지속적인 관심을 요구하기도 하며 분리가 예상되어 기분이 상할 때에는 화를 내거나 상대방에게 공격적인 행동을 나타내기도 한다(김미경·김연화·한세영, 2008). 지나친 분리불안은 아이와 양육자 간 애착관계가 불안정하기 때문인 것으로 볼 수 있으며 아동의 전반적 발달을 저해할 수도 있다. 아이뿐 아니라 엄마도 분리불안을 느끼는데 엄마의 분리불안은 자녀를 통해 얻는 안정성, 보호나 안락감 등이 방해받기 때문에 나타나는 것으로 알려져 있다(조복희, 박성옥, 1992).

⑤ 언어발달

돌이 지나면서 아이들은 단어를 통해 자신의 의사표현을 하게 된다. 완벽한 문장을 구사하기 어렵고, 주로 물건의 명칭과 관련된 단어를 사용하기 때문에 얼굴 표정이나 몸짓을 동원하여 의사를 표현하는 것을 관찰할 수 있다. 그렇기 때문에 아이의 표현을 민감하게 파악하여 반응하는 부모의 자세가 중요하다. 민감한 부모의 반응은 안정애착 형성의 중요한 조건 중 하나이기도 하다.

이상으로 8개월 이후부터 두 돌 전까지 영아의 발달특성과 관련하여 애착형성을 살펴보았다. 이 단계에 이르면 영아는 낯선 사람과 주양육자를 뚜렷하게 구분하게 된다. 주양육자, 즉 엄마를 안전기지 삼아 엄마와 함께 있을 때 아이는 안전하다는 것을 느끼고 주변 환경을 보다 적극적으로 탐색하려는 시도를 보인다. 돌 무렵까지 주로 엄마와 생활하던 아이는 그 이후부터 점차 접촉하는 대상이 늘어나게 되는데 이러한 빈도에 따라 이 단계가 길어질 수도 짧아질 수도 있다.

또한 초기 엄마와의 상호작용 방식이 이후 성장하면서 맺는 관계에 지속적인 영향을 미치게 되는데 Bowlby는 이와 같은 애착의 지속성을 '내적작동모델'이라 정의하였다. 다시 말해, 생애 초기 2년 정도까지 아이가 엄마와 반복적인 관계를 통해 '사람이란 이런 존재구나!'라는 확신을 가지게 되는 것이다. 인간관계의 '기초공사'가 완성된다는 의미이기도 하다.

2) 유아기(만 3세~만 5세) 애착발달과정

이 시기는 Bowlby의 '목표수정적 동반자 관계' 혹은 Ainsworth의 '상호관계의 형성단계'에 해당한다. 왕성한 인지발달 및 언어발달을 토대로 하여 유아는 애착대상과 떨어지는 상황을 더 이상 막연히 불안해하지 않는다. 자신의 욕구 충족을 위해 엄마와 함께 의논하거나 타협을 할 수도 있고 계획을 세우기도 한다.

이 시기 유아의 전반적 발달 특성과 관련하여 애착의 형성을 살펴보면 다음과 같다.

① 신체발달

유아기가 되면 운동기술이 급속도로 증대한다. 달릴 수도 있고, 공을 던질 수도 있으며, 자전거를 탈 수도 있다. 영아기에 비해 더 많이 활동적이고 적극적으로 움직일 수 있기 때문에 더 이상 엄마에게만 의존하지 않고, 엄마와 떨어져서 스스로 새로운 세상을 탐색하려고 하는 자율성이 늘어나게 된다.

② 인지발달

이 시기가 되면 영아기 후반부터 발달하기 시작한 대상영속성이 완전하게 발달하게 된다. 더불어 기억능력이 좋아지면서 눈앞에 보이지 않는 대상을 기억할 수 있는 표상능력 또한 발달한다. 엄마와 떨어져 있더라도 엄마를 떠올리며 기다릴 수도 있다. 또는 엄마를 대신하는 어떤 물건들을 가지고 있으면서 불안을 이겨내려고 할 수도 있다. 완전하지는 않지만 서서히 다른 사람의 입장을 이해할 수 있게 된다. 그렇기 때문에 낮 동안의 분리 시간 동안 엄마가 일을 끝내고 곧 돌아올 것이라는 생각을 하면서 자신의 놀이에 집중할 수 있게 된다.

③ 정서발달

영아기 아이들이 느끼는 정서와 큰 차이는 없지만 유발요인이나 표현방법에서 차이가 난다. 즉, 엄마와 떨어지는 것 외에 무서운 뉴스나 깜깜한 장소 등이 유아의 불안을 자극할 수도 있다. 인지발달 영역에서 언급한 것과 마찬가지로 상상을 할 수 있는 시기이기 때문에 무서운 뉴스만으로 공포심이 자극되는 것이다. 전반적 발달이 왕성해지면서 넓은 영역 안에서 적극적으로 활동하기도 하겠지만 한편으로는 다양한 장면에서 불안이나 공포 혹은 스트레스를 경험하기도 할 것이다. 영아기에 비해 엄마와 신체접촉을 통한 안정감 경험은 줄어들긴 하지만, 이러한 상황이 오면 아이는 가장 먼저 엄마를 찾거나 떠올린다.

정서를 표현하는 것 외에 정서를 조절하는 능력 또한 발달하는 시기이다. 원하는 장난감을 가질 수 없거나 하고 싶지 않은 일을 해야 할 때와 같은 좌절상황을 점차 견딜 수 있게 된다. 또는 원하는 것을 획득하기 위해 잠시 동안 참을 수도 있다. 이러한 능력이 뒷받침되기 때문에 유아는 엄마와 분리상황을 일정 시간 견딜 수 있는 것이다.

④ 언어발달

유아기의 가장 큰 변화 중 하나는 매우 많은 어휘를 습득하면서 언어발달이 급속도로 좋아진다는 것이다. 두 단어 이상의 조합을 통해 자신의 의사를 표현할 수 있을 뿐만 아니라 감정까지도 표현할 수 있다. 그렇기 때문에 분리상황에서 더욱 명확하게 자신의 기분과 욕구를 엄마에게 전달할 수 있으며, 엄마와 대화를 통해 서로 원하는 바를 조정할 수도 있게 된다.

이상으로 만 3세 이후부터 학령 전까지 유아의 애착발달에 대해 살펴보았다. 유아는 영아기 동안 형성한 내적작동모델을 통해 엄마가 아닌 다른 사람(교사, 친구 등)과 교류를 시도한다. 초기 안정적 애착을 많이 경험한 아이일수록 부모와의 자연스러운 분리(교육기관 경험)를 덜 힘들어할 것이다. 그러나 아이는 스트레스 상황(동생 출생, 교육기관 적응, 이사, 신체질병 등)에 닥치면 다시 엄마에게 일시적으로 의존하려는 모습을 보일 수도 있으며, 이때에는 충분한 엄마의 보살핌과 관심이 필요하다는 것을 부모가 기억하고 있어야 한다.

3) 아동기(만 6세~만 11세) 애착발달과정

영유아기에 비해 아동기가 되면 보다 넓은 범위에서 애착형성이 이루어지게 된다. 교육기관이나 집단활동에 적응하기 위해서 영유아기 부모와의 안정애착을 기반으로 하여 또래관계가 확장되거나 교사와 애착을 형성하게 된다. 때문에 아동기 애착은 사회성 발달과 깊은 관련이 있으며, 이에 대한 상세한 설명은 본 시리즈 '사회성이 부족한 아이 돕기'를 참고하길 바란다.

그러나 아동기에도 안정애착형성 및 유지를 위한 부모의 노력은 여전히 필요하다. 아동기에 가장 두드러진 발달적 특성은 성인 수준의 언어 사용능력이 가능하며, 후반부로 갈수록 추상적 사고가 가능해진다는 점이다. 때문에 부모는 신체적 접촉이나 기본적인 보살핌 외에 원활한 언어적 상호작용을 통해 지속적인 안정애착의 경험을 제공해주는 것이 필요하다.

2. 애착측정

1) 영유아 애착측정

(1) Ainsworth의 낯선상황실험(영아-부모)

Ainsworth와 Wittig(1969)이 고안한 낯선상황실험은 장난감이 있는 실험실에서 영아가 어머니와의 분리, 재결합, 낯선 사람의 출현에 대하여 나타내는 행동들을 측정하여 영아의 애착을 평가하게 된다. <표 3>에 제시된 것과 같이 약 30초가 소요되는 도입부문을 포함하여 분리와 재결합이 반복되는 7가지 에피소드(각 3분)로 구성되어 있다. 영아의 특성상 6번 분리 에피소드의 경우는 영아의 울음의 정도에 따라 시간을 조정하거나 과정을 생략하여 진행하기도 한다.

어머니와의 재결합시 영아가 나타내는 반응들은 Ainsworth 등(1978)이 개발한 방법에 따라 점수화한다. <표 4>에 제시된 바와 같이 6가지 행동에 대하여 행동의 강도, 지속성, 주도성, 행동발현의 즉각성 등을 고려하여 7점 척도로 평가하며, 이를 바탕으로 '안정애착', '불안정-회피애착', '불안정-저항애착'의 3가지 유형(각 유형별 하위유형으로 상세분류)으로 분류하게 된다.

표 3 Ainsworth의 낯선상황실험 절차

에피소드	참여자	지속시간	설명	관찰되는 애착행동
1	어머니, 영아, 실험자	30초	실험자는 어머니와 영아를 실험실로 안내한 후 지침서를 준다.	
2	어머니, 영아	3분	어머니는 의자에 앉아 잡지를 읽고, 영아는 놀이를 한다. 영아의 접근에 응답하지만, 어머니가 먼저 반응을 시도하지는 않는다.	안전기지로서의 어머니
3	어머니, 영아, 낯선 사람	3분	낯선 사람이 들어와 가만히 앉아 있은 후(1분), 어머니와 대화를 하고(1분), 영아에게 접근한다(1분).	낯선 사람에 대한 반응
4	영아, 낯선 사람	3분	첫 번째 분리: 어머니가 나간 후 낯선 사람이 필요한 경우 영아를 위로하고, 그렇지 않으면 의자에 앉아 있다.	분리불안
6	영아	3분	두 번째 분리: 어머니가 방을 나간다.	분리불안
7	영아, 낯선 사람	3분	낯선 사람이 들어와 영아를 위로하거나, 의자에 앉아 있다.	낯선 사람에 의해 진정되는 정도
8	어머니, 영아	3분	두 번째 결합: 어머니가 돌아온 후 영아를 반기고 위로한 후 의자로 돌아와 잡지를 읽는다.	재결합 반응
5	어머니, 영아	3분	첫 번째 결합: 어머니가 돌아온 후 영아를 반기고 위로한 후, 다시 의자로 돌아와 잡지를 읽는다.	재결합 반응

단, 점수는 보충적으로만 사용하며 질적인 차원을 우선 고려하여 애착 유형을 분류하는 것이 바람직하다. 각 유형별 영아 및 부모의 특성에 대해서는 '애착유형(1부 애착에 대한 이해)'을 참고하기 바란다.

표 4 Ainsworth의 영아대상 낯선상황실험시 관찰행동

관찰행동	내용
접촉추구행동	영아가 어머니에게 가까이 가고, 신체적 접촉을 하려고 하는 노력의 강도와 지속성을 다룬다. 아이가 주도권을 가지면서 효율적인 행동을 할 때 가장 높은 점수를 부여한다.
접촉유지행동	아이가 접촉하려고 스스로 접근하거나 혹은 안기고 싶은 신호를 보냈건 안 보냈건 안겨서 한 번 접촉이 이루어지면 그것을 유지하려는 아이의 노력이 어느 정도로 활발하고 지속적인지를 채점한다.
저항행동	아이와 접촉하거나 가까이 있으려는 혹은 상호작용을 시도하거나 놀이를 하려는 어른의 행동에 대해 저항하는 행동의 강도, 빈도 혹은 길이를 다룬다.
회피행동	아이가 접근을 회피하고 거리를 두고 상호작용하는 것조차 회피하는 것의 강도, 지속성, 기간, 즉각성 등을 다룬다.
원거리 상호작용	긍정적인 사회적 행동-미소짓기, 소리내기, 의도적으로 쳐다보기, 장난감 보여주기, 놀이-을 다루며, 아이가 비록 어른 가까이에 있지는 않을지라도 어른에게 관심을 갖고 있다는 것을 나타낸다.
찾기	어머니가 방에 없는 장면에서 어머니를 찾으려고 하는 것으로 해석되는 행동이 얼마나 활발하고 지속적인가를 다룬다.

Ainsworth 등(1978)의 실험절차는 다수의 연구자에 의해 시행되었고, 그 중 Main과 Solomon(1990)은 기존 애착유형 어디에도 포함되지 않는 영아를 '불안정-비조직/비일관적애착'의 새로운 유형으로 분류하였다. 이후 문헌과 연구에서는 보편적으로 영아의 애착유형을 4가지로 분류하여 설명하고 있다.

(2) Cassidy&Marvin의 낯선상황실험(유아-부모)

Cassidy와 Marvin(1992)은 Ainsworth의 낯선상황실험을 유아(2.5세~4.5세)에 맞게 수정한 방식을 고안하였다. 실험절차는 Ainsworth의 낯선상황실험절차와

같이 8개의 에피소드로 구성되어 있다. <표 5>에 제시된 애착행동을 기준으로 하여 유아의 애착유형을 '안정적', '회피적', '의존적', '비조직/통제', '불안정-기타' 5가지(1부 애착에 대한 이해 中 '애착유형' 참조)로 제시하였다.

상담이나 심리치료 장면에서는 치료자가 영유아와 부모의 애착정도를

표 5 Cacsidy&Marvin의 유아대상 낯선상황실험시 관찰행동

관찰행동	준거
근접 및 접촉유지	① 유아–어머니가 접촉하는 양 ② 유아–어머니 접촉 시 편안함의 정도 ③ 유아–어머니 접촉이 있게 된 상황 　예) 어머니와 함께 놀이하는 정도, 놀이 시 어머니와 접촉하거나 어머니에게 요구하고 반응하는 정도
신체의 방향	① 유아–어머니 상호작용 시 신체의 방향 ② 유아–어머니 상호작용 시 신체의 긴장 정도 　예) 어머니와 대화 시 유아가 어머니를 마주보고 있는지, 등을 돌리고 있는지, 어머니가 다가올 때 유아가 뒤로 물러서는지의 여부
대화의 내용과 스타일	① 유아–어머니 대화의 즐거움 ② 유아–어머니 대화 내용에서 유아 개인적인 내용 및 놀이나 탐색에 대한 내용이 차지하는 정도 　예) 어머니와 놀이나 탐색에 대한 이야기만 하는지, 유아의 개인적인 감정이나 기분에 대해서 이야기 하는지
응시	① 재결합 시 유아가 어머니를 바라보는 시기 ② 유아가 어머니와 눈 맞추는 정도 　예) 어머니와의 재결합 시 바로 어머니를 쳐다보는지, 어머니가 들어온 후 30초 이상 경과된 후 보는지, 어머니와 대화는 하지만 눈을 마주치지 않거나, 어머니의 응시를 회피하는지
정서	유아가 어머니에게 정서표현을 하는 상황에서 ① 정서 표현의 정도 　예) 과장 된 표현, 편안한 표현 ② 거짓된 웃음의 정도 　예) 어머니를 기쁘게 해주고 난 후 유아가 돌아서서 한숨을 짓는 행동

파악하여 초기 치료의 목표설정 혹은 변화점검의 수단으로 위 실험방식들을 활용하기도 한다. 임상연구에서는 표준화된 절차를 따르는 것이 중요하기 때문에 연구자와 분석자가 실험진행에 대해 사전 훈련을 받기도 하고, 예비 실험을 통해 동일한 장면을 함께 분석하여 일치된 평가를 할 수 있도록 연습하는 것이 필요하다. 실제 본 실험에서는 연구자를 포함한 2~3명의 분석자가 각각 녹화된 장면을 보고 유형을 분류 후 서로 합의하여 동일한 유형으로 분류하거나, 통계적 방법을 활용하여 관찰자간 신뢰도를 산출하기도 한다.

2) 아동 애착측정

(1) 맨체스터 애착 이야기

맨체스터 애착 이야기 <표 6>은 낯선상황실험의 개념과 성인애착면접의 개념을 통합하여 Green, Stanley, Goldwyn(2003)이 고안한 도구이다. 실험자는 아이에게 다쳤을 때, 아플 때, 악몽을 꾸었을 때, 엄마를 잃어버렸을 때의 상황을 연출해주고, 이러한 상황에서 아이에게 무슨 일이 일어날지에 대한 이야기를 완성하도록 요구한다. 이때 아이는 인형놀이를 통해 이야기를 완성하게 되며, 아동의 이야기 내용과 아동이 실험 중에 보이는 행동을 바 탕으로 애착유형이 분류되는데, 크게 두 부분으로 나누어 평가한다.

첫째, 아동이 평상시에 인식한 양육자의 양육행동이 이야기 속에서 어떻게 나타나는지를 평가한다. 양육행동에는 근접성 추구, 양육자의 따뜻함, 양육자의 민감성, 자기 돌봄, 강압적, 갈등이 있는 행동이 포함되며, 9점 척도로 측정한다. 둘째, 아동의 이야기가 일관성이 있는지 평가한다. 담화

내용이 얼마나 진실한 것인지(질적인 측면), 담화 내용이 간결하면서도 분명한지(양적인 측면), 주제와 관련된 이야기를 하고 있는지(관련성의 측면), 어법상 명확하고 조리 있게 이야기하는지(양식의 측면)를 평가한다(진미경, 유미숙, 2005).

표 6 맨체스터 애착 이야기

상황	질문
warm-up	엄마와 아이 인형이 자고 있어. 따르릉… 알람시계가 엄마 방에서 울리네. 엄마가 일어나서 아침을 준비하러 식당에 내려가고, 'OO야~' 부르며 깨우네. 그 다음 무슨 일이 일어날까?
악몽을 꾸었을 때	다음 이야기로 넘어가자. 지금은 아주 깜깜한 밤이야. 모든 사람들이 잠을 자고 있어. 이때, OO인형이 깨어났어. 아주 끔찍하고 무서운 꿈을 꾸었어. 아주 무서운 꿈을 꾸었어. 자, 다음에 무슨 일이 일어날까?
다쳤을 때	자, 이제 낮 시간이야. 엄마는 안에 있고 OO인형은 밖에서 놀고 있네. 무슨 놀이를 하면 좋을까? OO가 밖에서 이리저리 뛰어다니며 놀고 있네. 그때 갑자기 아우! OO가 넘어지고 무릎을 다쳤어. 아우! 무릎을 보니까 피가 나네. 아우, 다음에 무슨 일이 일어날까?
아플 때	OO인형이 TV를 보고 있네. OO가 가장 좋아하는 TV프로그램이 뭐야? 좋아~ OO인형이 TV를 보고 있어. 엄마는 옆방에 있네. 근데 갑자기 막 배가 아픈 거야. 아~ 너무 배가 아프다. 아~ 다음에 무슨 일이 일어날까?
엄마를 잃어버렸을 때	OO인형과 엄마 인형이 쇼핑을 하러 갔네. 와~ 여기저기 가게들도 많고 사람들도 많고, 근데 사람들이 너무 많아서 서로 막 부딪치기도 하고 그러네. 우와~ 여기 예쁜 옷들도 많고, 재밌는 장난감들도 많고, 여기저기 구경하는데, 갑자기 엄마가 보이지 않네. 엄마를 찾으러 여기저기 둘러봐도 엄마가 보이지 않네. 엄마가 없어서 너무 무서워. 엄마 어디 있을까? 그 다음에 무슨 일이 일어날까?
	*각 문항 질문 후 공통된 질문 – OO인형은 지금 기분이 어때? – OO인형은 지금 무슨 생각을 할까? – 엄마인형은 지금 기분이 어때? – 엄마인형은 지금 무슨 생각을 할까?

이러한 척도들을 바탕으로 애착의 유형은 크게 안정애착, 회피애착, 저항애착, 비조직화 유형으로 나누어진다. 각 유형의 특징을 살펴보면, 안정애착을 형성한 아동은 스트레스 시 다른 사람과의 접촉을 통해 완화될 수 있다는 기대를 갖고 있다. 따라서 안정애착의 아동은 스트레스를 공유하거나 해결하기 위해 양육자의 돌봄을 추구하고, 받아들이며, 이로 인해 스트레스가 완화됨을 보여준다. 회피유형의 아동은 자신의 스트레스를 완화하기 위한 수단으로 양육자에 대한 기대를 갖고 있지 않으며, 자기 돌봄의 형태를 보이거나 스트레스 자체에 대한 거부를 보인다. 저항애착유형의 아동은 스트레스를 완화하기 위해 양육자를 등장시키지만, 양가적인 태도를 보인다. 스트레스가 완화되는 만큼 증가하는 양상을 보이며, 상반되는 행동들을 보이게 된다. 비조직화 유형의 아동은 문제해결을 위한 전략 자체가 부재하거나, 여러 가지 전략들을 혼합하여 보이며, 동시적 혹은 즉각적으로 일어나는 상반된 행동, 맥락 밖의 상반된 행동으로의 갑작스러운 움직임, 불완전한 움직임들, 순간적으로 얼어붙는 듯한 행동이나 정지자세, 부모를 향한 두려움, 직접적인 비조직화된 행동 등을 보인다.

이경숙과 진미경(2008)의 연구에서 전체 참여 아동의 54%가 안정애착으로 분류되었으며, 회피유형은 28%, 저항유형은 9%, 비조직화유형은 9%로 나누어졌다. 다른 연구(Goldwyn 외, 2000)에서도 유형별 분포상 큰 차이는 보이지 않았다.

3) 청소년 및 성인 애착측정

(1) 부모 및 또래 애착척도(IPPA-R)

IPPA-R은 청소년들의 부모 또래 애착 안정성을 측정하기 위해 Armsden과 Greenberg(1987)가 제작한 부모 및 또래 애착척도(Inventory of Parent and Peer Attachment: IPPA)를 옥정(1998)이 수정하여 개발한 척도이다. 이 척도에서 부모의 애착 척도는 각각 25문항의 5점 척도로 이루어져 있다(다음 척도 참조). 하위 영역으로는 부모와 언어적 의사소통의 정도와 질을 측정하는 의사소통(9문항), 청소년의 정서적 욕구에 대한 부모 반응의 안정성을 측정하는 상호신뢰(10문항), 부모로부터의 정서적 유리 혹은 부모를 향한 분노를 측정하는 소외(6문항)의 3가지 하위 영역으로 구성되어 있다. 개인의 애착 점수는 신뢰감과 의사소통 문항점수를 합한 점수에서 소외감 문항의 점수를 뺀 것으로, 전체 점수가 높을수록 애착이 잘 되었음을 의미한다.

• 부모 애착 척도(IPPA-R)

	문항(** 표시 문항은 역채점)	결코 그렇지 않다	드물게	가끔	자주	항상 그렇다
1	우리 부모님은 나의 감정을 존중해주신다.					
2	우리 부모님은 부모님으로서 본분을 다 한다고 생각한다.					
3	*다른 분이 우리 부모님이었으면 좋겠다.					
4	우리 부모님은 나를 있는 그대로 받아들여 주신다.					
5	나는 걱정되는 일이 있을 때 부모님의 의견을 받아들이고 싶다.					
6	*부모님에게 나의 감정을 드러내봐야 소용없다고 생각한다.					

7	우리 부모님은 내가 어떤 일로 기분이 상했을 때 알아차린다.				
8	*부모님과 함께 나의 문제를 상의할 때 나는 수치스럽고 바보 같다고 생각한다.				
9	우리 부모님은 내게 너무 많은 것을 바라신다.				
10	나는 부모님과 함께 있을 때 쉽게 기분이 나빠진다.				
11	*나는 기분 나쁜 일이 있을 때 부모님이 생각하는 것보다 훨씬 더 속상해한다.				
12	어떤 일에 대해 상의할 때 부모님은 나의 의견을 고려해주신다.				
13	우리 부모님은 나의 판단을 신뢰한다.				
14	*우리 부모님은 부모님 나름대로의 문제가 있기 때문에 나의 문제로 부모님을 귀찮게 하지않는다.				
15	우리 부모님은 내가 나 자신을 더 잘 이해할 수 있도록 도와주신다.				
16	나는 부모님께 나의 어려움과 근심거리에 대해 말씀드린다.				
17	*나는 부모님에게 분노를 느낀다.				
18	*나는 부모님으로부터 별 관심을 받지 못한다.				
19	우리 부모님은 내가 나의 어려움을 이야기하도록 격려해주신다.				
20	우리 부모님은 나를 이해해주신다.				
21	우리 부모님은 내가 어떤 일로 화가 났을 때 이해하려고 노력하신다.				
22	나는 우리 부모님을 신뢰한다.				
23	*우리 부모님은 내가 요즘 어떤 일을 겪는지 이해하지 못하신다.				
24	나는 마음의 부담을 떨쳐버리고 싶을 때 부모님께 의지할 수 있다.				
25	만약 부모님께서 내게 고민거리가 있다는 것을 아신다면 나에게 그것에 대해 물어보신다.				

(2) 성인애착면접지(AAI)

원부모와의 사이에서 형성된 애착 패턴은 대를 이어 자녀에게, 그리고 다른 사람과의 관계에 결정적인 영향을 미친다. 이러한 이유로 성인의 애착을 탐색하고 그 기억에 대한 현재의 생각을 묻는 여러 가지 면접법이 개발되었는데, 그중 성인애착면접지를 활용한 인터뷰 방법이 가장 널리 알려져 있다. 훈련받은 전문가가 20~21개의 문항 <표 7>을 가지고 일정한 순서로 질문을 던지고, 답을 하지 못한 경우에는 특수한 방법으로 다시 탐색을 시도한다. 반응 내용을 토대로 전문가가 당사자의 심리상태를 해석하게 된다.

질문의 내용 및 평가방법을 좀 더 구체적으로 살펴보면 다음과 같다. 성인 애착 면접은 '아동기 경험들을 평가하는 부분'과 아동기 경험으로부터 '현재 어떠한 마음의 상태를 가지고 있는지'를 평가하는 부분으로 나누어진다. 구체적으로 아동기 경험은 사랑, 거부, 무시, 성취에 대한 압력, 역할전이 척도에 의해 평가 된다. 이러한 아동기 경험에 대한 척도들은 성인 애착 표상을 측정하는 직접적인 척도가 아니라 참조 척도로 이용된다. 또한 현재 마음의 상태에 대한 평가는 면접 내용에서 이상화, 몰입화된 화, 애착관련의 평가절하, 기억의 부족, 수동성, 상실에 대한 두려움, 상실에 대한 미해결 등이 나타나는지를 통해 이루어진다. 이러한 현재 마음의 상태에 대한 척도는 성인 애착 표상을 평가하는 일관성과 관련이 있다.

이상화, 애착관련의 평가절하, 기억의 부족 척도와 관련하여 높은 점수(9점 척도 중 5점 이상)를 얻은 개인들은 '거부형'으로 분류되고, 몰입된 분노, 충동성과 관련하여 높은 점수를 얻은 개인은 '몰입형'으로 분류되며, 상실에 대한 미해결과 관련하여 높은 점수를 얻은 개인은 '미해결형'으로 분류된다. 이러한 개인들은 일관성 측면에서 낮은 점수를 얻게 된다.

위 일관성 점수와 관련된 하위변인들을 기반으로 애착 표상은 크게 4가지 유형으로 분류되는데, '자율형'으로 분류된 개인은 애착과 관련된 경험들을 융통성 있게 숨김없이 터놓고 전개한다. 아동기 애착 경험을 회상할 수 있고, 그들에 대한 진술이 일관되게 일치하고, 각 질문들에 대해 분명하고 관련된 반응들을 한다. '거부형'으로 분류된 개인은 부모들을 매우 긍정적으로 기술하지만, 그들이 제공한 구체적인 예들에 의해서 지지되지 않고 대조된다. 또한 이 유형에 속하는 개인들은 애착과 관련되지 않는 경험들은 기억하는 데 어려움을 갖지 않음에도 불구하고 어린 시절 애착 경험을 기억할 수 없음을 보고한다. 이 유형의 성인들은 또한 애착경험들의 중요성을 과소평가한다. '몰입형'으로 분류된 개인들은 애착관계에 대해 객관적인 관점을 유지하는 데 어려움을 느끼고, 정서적으로 격한 감정을 이야기할 때 지나치게 상세하거나 변동적인 평가를 한다.

즉, 애착인물들과 분노몰입을 나타낸다. 이들은 많은 아동기 경험들을 회상할 수 있지만 그러한 경험들에 대한 기술은 객관성이 부족하고 일관되지 못하다. 분노에 몰입되어 있어 지나치게 긴 문장으로 이야기하거나 문법상 오류를 보이는 문장들을 이야기한다. 마지막으로 '미해결된/비조직화된' 유형으로 분류된 개인은 유의미한 대상의 상실 혹은 정신적 충격이 큰 경험과 관련하여 그러한 경험들을 기술할 때 논거 혹은 사고의 조직에 있어 순간적인 착오나 실수 등을 나타낸다.

표 7 성인애착 면접의 질문내용

	문항
1	가족과 관련된 이야기를 해보세요. 어디서 살았는지, 이사한 경험이 많은지, 부모님께서 무슨 일을 하셨는지 등
2	기억해낼 수 있는 가장 어린 시절을 회상해보고, 그 당시 부모님과의 관계를 그려보세요.
3	그 시절(2번 문항) 당신의 어머니와 당신의 관계를 표현할 수 있는 5개의 형용사나 단어를 제시해주세요. 나중에 왜 이 단어를 선택했는지 질문하겠습니다.
4	아버지에 대해서도 똑같은 방법으로 생각해보세요.
5	부모님 중 어느 분과 더 가까웠나요? 이유는 무엇인가요? 다른 한쪽 부모와는 왜 같은 느낌이 아닐까요?
6	어릴 때 화가 나거나 속상한 일이 있으면(정서적으로 화가 났을 때, 몸이 다치거나 아팠을 때) 어떻게 했나요?
7	부모님과 처음으로 일정 기간 떨어져 지냈던 경험에 대해 이야기해봅시다. 맨 처음 떨어졌을 때가 언제인가요? 당신과 부모님은 어떻게 반응했나요?
8	어린 시절 부모가 당신을 돌봐주지 않았다고 느낀 적 있나요?
9	부모가 심하게 겁을 주었던 경험이 있나요?
10	전반적으로 당신 부모와의 경험이 지금 당신의 성격에 어떤 영향을 주었다고 생각하나요?
11	어린 시절 당신의 부모님이 왜 그렇게 행동했다고 생각하나요?
12	어릴 때 부모처럼 가까웠던 다른 어른이 있었나요?
13	어릴 때 부모나 다른 친한 사람을 잃은 경험이 있다면 얘기해봅시다.
14	그 외에 충격적이라고 할 만한 사건이 있었나요?
15	아동기부터 성인이 되는 동안 부모와의 관계가 많이 변화했다고 생각하나요?
16	성인이 된 지금 당신과 부모의 관계는 어떤가요?
17	현재 당신이 당신의 아이와 떨어져 있게 된다면 어떤 느낌일 것 같은가요?
18	지금부터 20년이 흘렀다고 가정하고 아이가 어떤 모습이면 좋을지 세 가지 소원을 말해보세요.
19	어릴 적 경험을 통해서 배운 것이 있다면 무엇인가요?
20	당신의 아이가 당신에게서 어떤 것을 배우기를 바라나요?

(3) 자녀에 대한 양육자의 분리불안

안자영과 도현심(1998)이 Hock 등(1989)의 MSAS(Maternal Separation Anxiety Scale) 중 일부인 '일반적 어머니 분리불안' 영역의 문항을 번역하여 사용한 척도이다. 총 21문항 가운데 우리나라 실정에 맞도록 적절하지 않은 문항을 제거하고, 표현을 수정하여 19개 문항으로 구성하였다(다음 척도 참조).

• 어머니의 분리불안 척도

	문항	거의 그렇지 않다	그렇지 않은 편이다	그런 편이다	매우 그렇다
1	아이를 다른 사람에게 맡기고 떠나는 순간, 아이를 껴안아주거나 귀여워해주고 싶어진다.				
2	우리 아이는 다른 사람이나 교사보다 나와 함께 있을 때 더 행복해한다.				
3	아이들은 엄마 없이 새로운 장소에 가는 것을 무서워할 것이다.				
4	내가 아이를 다른 사람에게 맡기려 할 때, 나는 그 사람이 아이를 잘 돌봐줄지 염려될 때가 많다.				
5	나는 아이를 껴안아주면 기분이 좋고, 아이가 없을 때는 몹시 안아주고 싶은 생각이 든다.				
6	우리 아이는 다른 사람이 돌봐주는 동안에 불편해할 것이다.				
7	아이와 떨어져 있으면, 나는 쓸쓸하고 아이가 매우 보고 싶다.				
8	우는 아이를 어떻게 편안하게 해줄지는 오직 엄마만이 자연적으로 알 수 있다.				
9	나는 아이와 함께 많은 시간을 같이 있고 싶어 한다.				
10	나는 누구보다도 내 아이를 가장 안전하게 잘 돌볼 수 있다.				

11	다른 사람이 내 아이를 돌봐줄 때 내 아이가 나를 몹시 보고 싶어 하리라고 생각한다.				
12	나는 아이와 떠나 있는 것을 좋아하지않는다.				
13	우리아이는 누구보다 나와 함께 있는 것을 더 좋아 한다.				
14	우리아이는 나와 떨어져있을 때 두려워하고 슬퍼한다.				
15	아이와 떨어져 있는 동안 나는 내아이가 울고 나를 찾을까 봐 걱정된다.				
16	나는 아이와 함께 있지않으면 즐겁지가 않다.				
17	나와 함께 있지 않으면 내 아이가 낯선 상황에서 결코 편안해하지않아서 걱정이다.				
18	나는 다른 사람에게 내아이를 맡길 때 걱정이 된다.				
19	다른 사람에게 아이를 맡기는 경우 나는 그 사람이 아이가 울 때 잘 달래줄지 걱정된다.				

3. 아동 애착장애의 유형

1) 반응성 애착장애

애착문제를 가지고 있는 영·유아의 경우 진단분류체계에 따라 조금씩 다른 진단명으로 분류하고 있다. 그러나 공통적으로 이 장애는 출생 후 부적절한 양육환경에 의해 발생한다고 보고 있다. 의사소통의 결함, 쌍방적 상호작용의 부족 등의 특성이 전반적 발달장애 아동과 비슷한 양상으로 나타나지만, 일관된 양육환경이 다시 주어지면 회복될 수 있는 장애로 분류하고 있다. 다음은 DSM-Ⅳ에서 반응성 애착장애를 진단하는 기준이다.

■ DSM-Ⅳ 반응성 애착장애(Reactive Attachment Disorder) 진단기준

A. 대부분의 상황에서 심하게 손상되고 발달적으로 부적절한 사회적 관계 형성이 5세 이전에 시작되고 다음 (1)이나 (2)와 같이 표현된다.

  (1) 지속적으로 대부분의 사회적 관계를 시작하지 못하고, 발달적으로 적절하지 못한 방식으로 반응한다. 지나치게 억제적이고, 경계적이며, 심하게 양가적이고 상반된 반응을 나타낸다(예: 소아는 양육자에 대한 접근, 회피가 혼합된 태도로 반응하고, 안락감에 저항하며 냉정하게 경계한다).

  (2) 확산적인 애착이 무분별한 사교성, 적절한 선택적인 애착 능력의 결여로 드러난다(예: 낯선 사람에 대한 지나친 친근감, 애착대상을 선택하지 못함).

B. 진단 기준 A항에 속하는 장해가 단지 발달지연(정신지체에서와 같이)으로만 설명되지는 않으며, 광범위성 발달장애의 기준에 부합되지 않는다.

C. 병적인 보살핌이 다음 항목 가운데 적어도 1개 항목에서 드러난다.

  (1) 안락함, 자극, 애정 등 소아의 기본적인 감정적 욕구를 지속적으로 방치

  (2) 소아의 기본적인 신체적 욕구를 지속적으로 방치

  (3) 돌보는 사람이 반복적으로 바뀜으로써 안정된 애착형성을 저해(예: 양육자의 빈번한 교체)

D. 진단기준 C항의 병적 보살핌이 진단기준 A항의 손상된 행동에 영향을 미쳤을 것이라고 추정된다(예: 진단기준 A항의 장해는 진단기준 C항의 병적 보살핌 이후에 시작되었다).

유형을 세분할 것

· 억제형: 임상 양상에서 A(1)의 기준이 유세할 때

· 탈억제형: 임상 양상에서 A(2)의 기준이 유세할 때

2) 분리불안장애

이 장애는 부모나 사랑하는 사람과 분리될 때 느낄 수 있는 불편감에서 부터 공포반응까지의 불안증상으로 특징지어진다. 대개 전문가에게 올 때는 ① 학교를 거부하거나 ② 신체증상이 있을 때 ③ 사랑하는 사람에게 해로운 일이 일어날 것이라는 비현실적이고 빈번한 걱정 ④ 주 애착대상이 곁에 있지 않으면 자지 않으려고 하는 것 ⑤ 분리되는 것에 관한 악몽 ⑥ 분리를 예상할 때 지나치게 힘들어하는 것 ⑦ 집으로 가려고 하거나 부모를 만나려고 하는 욕구 등이 나타나는 경우이다. 다음은 DSM-Ⅳ에서 분리불안장애를 진단하는 기준이다.

▪ DSM-Ⅳ 분리불안장애(Separation Anxiety Disorder) 진단기준
A. 집 또는 애착대상과의 분리에 대한 불안이 발달 수준에 부적절하게 지나친 정도로 나타나며, 다음 중 3가지(또는 그 이상) 상황에서 드러난다.
　(1) 집 또는 주된 애착대상과 분리되거나 분리가 예상될 때 반복적으로 심한 불안을 느낀다.
　(2) 주된 애착대상을 잃거나 그에게 해로운 일이 일어날 거라고 계속 적으로 심하게 걱정한다.
　(3) 운 나쁜 사고가 생겨 주된 애착대상과 분리될 거라는 비현실적이고 지속적인 걱정을 한다(예: 길을 잃거나 납치되는 것).

(4) 분리에 대한 불안 때문에 학교나 그 외의 장소에 지속적으로 가기 싫어 하거나 거부한다.

(5) 혼자 있거나 주된 애착대상 없이 지내는 데 대해 지속적이고 과도하게 두려움을 느끼거나 거부한다.

(6) 주된 애착대상이 가까이 있지 않은 상황이나 집을 떠나는 상황에서는 잠자기를 지속적으로 싫어하거나 거부한다.

(7) 분리의 주체와 연관되는 반복적인 악몽을 꾼다.

(8) 주된 애착대상과의 분리가 예상될 때 반복적인 신체 증상을 호소 한다(예: 두통, 복통, 오심, 구토).

B. 장해 기간이 적어도 4주 이상이어야 한다.

C. 18세 이전에 발병한다.

D. 사회적, 학업적(직업적) 또는 다른 중요한 기능 영역에서 임상적으로 심 각한 고통이나 장해를 일으킨다.

E. 광범위성 발달장애, 정신분열증, 다른 정신증적 장애 기간 중에만 증상이 나타나는 것이 아니어야 하고, 청소년과 성인에서는 광장공포증이 있는 공황장애로 잘 설명되지 않아야 한다.

4. 애착과 공병관계

지금까지 애착에 대한 설명을 통해 우리는 초기 부모-자녀 관계에서의 애착 형성이 아동의 성장과정에서 어떻게 영향을 미치는지에 대해 알아보았다.

아래에는 다양한 연구문헌에서 밝혀진 애착과 관련된 병리적 특성들을 정리하여 제시하고 있다.

1) 불안

불안정애착은 대인불안과 밀접한 관련이 있다. 불안정애착유형을 대상으로 한 종단연구에 따르면 이들 중 28%가 아동 및 청소년기에 불안장애를 겪은 반면, 그렇지 않은 유아들은 13%만 불안장애를 겪었다(Warren, Huston, Egeland & Sroufe, 1997).

불안정애착의 수준이 높은 사람은 대인관계에서 자기주장을 하지 않음으로써 거부당할 위협에 대한 불안으로부터 벗어나고자 한다. 동시에 관계를 잃을지도 모른다는 불안에 휩싸여 과잉통제하려 들고 이는 다시 관계상의 어려움과 우울감을 악순환 시킨다. 이들은 관계 장면에서 타인을 과도하게 신뢰하고, 자신의 감정을 감추며, 사회적 불안을 표현하지 못해서 겪는 어려움뿐만 아니라 타인에 대한 분노 및 적의와 관련된 어려움도 함께 경험하고 있는 것으로 보인다. 한편, 회피애착의 수준이 높은 개인은 자기주장을 거의 하지 않음으로써 평가와 비난으로부터 자신을 보호하고 안정을 유지하려는 것으로 보인다(박영주·이영호, 2010).

2) 우울

불안정한 애착을 가진 사람은 역기능적 인지와 낮은 자존감을 보이면서 우울해진다(Robert, Gotlib, & Kassel, 1996). 또한 긍정적인 정보를 차단하고 중성적이고 부정적인 정보를 더욱 부정적으로 지각함으로써 우울증에 빠지게 된다(Beck, 1976). 어린 시절 반복적으로 경험되는 애착 안정성은 인지도식에 영향을 주게 되며, 인지도식은 자신과 세계를 평가하는 규칙을 제공하므로 심리적 안녕에 결정적 기여를 하게 된다. 즉, 우울한 개인의 경우 불안정한 애착으로 인해 자신에 대한 부정적인 자기표상이 형성되며, 이는 우울 생성적 인지도식으로 잠재되어 있다가 부정적 생활사건을 접하게 되면 우울 생성적 인지도식이 활성화되어 우울 증상을 유발시키는 경로를 거치게 된다(Bowlby, 1980; Holmes, 1992). 어머니와 애착이 안정적일수록 청소년들은 우울을 더 적게 경험한다(유재은, 2002; 이정수, 2006). 어머니가 자신을 믿어주고, 효율적인 의사소통이 이루어지며 자신이 어머니로부터 관심을 받고 있다고 느낄수록 우울 성향이 감소한다(남윤주·이숙, 2008).

3) 공격성(반사회성)

양육자가 아동의 신호에 민감하고 반응적일 때 아동은 자신이 세상에 영향을 끼칠 수 있음을 느끼고 자율성을 획득하지만 그렇지 못할 때 좌절을 경험하고, 이 좌절이 공격성을 일으킨다(Berkowitz, 1993). 이는 내적작동모델이 정서와 기억에 영향을 미쳐 부정적 감정을 더 잘 기억하고 처리함으로써 불안정애착아동들이 부정적 감정에 더 민감하기 때문이다(Laible &Thompson, 1998). 아동의 근접추구행동으로 표현되는 아동의 애착욕구가 거부당하면 공격성이 유발된다(장휘숙, 2003). 애착관계가 형성되지 못하거나 관계형성이 실패할 것이라는 공포는 충족되지 못한 애착욕구로 인해 오히려 애착욕구를 강하게 활성화시키고, 심지어 애착을 위한 전쟁으로까지 확대시킨다(최해림, 2005). 그리고 안정애착아동에 비해 불안정애착아동은 공격적·파괴적·독단적·통제적 행동을 더 많이 보인다(Turner, 1991). 애착과 관련된 분노는 공격성과 반사회적 행동으로 나타날 수 있다(Kobak, 1999).

4) 애착과 경계선 성격

어머니와의 불안정한 애착은 자신의 정서적 욕구는 타인에게 지지받거나 수용되지 못할 것이라는 도식, 타인은 자신을 이용만 할 것이라는 도식, 자신은 결함이 많아서 사랑받을 수 없을 것이라는 도식, 중요한 사람은 결국 자신을 버리거나 떠날 것이라는 도식, 자신은 사회로부터 고립되고 단절되었다는 도식, 분노와 충동을 경험하지만 이를 스스로 통제하지 못할 것이라는 도식을 발달시키고, 이러한 부적응적인 도식은 경계선 성격 특성으로 이어지게 된다(김윤숙, 2005).

5) 애착과 대인관계

불안애착을 지닌 사람은 스트레스 상황에서 애착대상과의 거리를 최소화하면서 안정감을 느끼려고 하며, 타인의 지지와 도움을 얻기 위해 자신의 부정적인 정서와 생각에 지나치게 주의를 기울이고 과도한 불안을 나타낸다. 한편, 회피애착을 지닌 사람은 스트레스 상황에서 타인으로부터 지지와 도움을 받지 못하는 데에서 오는 좌절감을 회피하기 위해 타인과 거리를 최대화한다. 이들은 자율성과 통제감을 느끼기 위해 감정적인 개입을 최소화하고, 애착에 대한 욕구를 부인하며, 부정적인 정서와 생각을 억제한다(Mikulincer, Shaver, 2003).

6) 애착과 섭식장애

Armstrong과 Roth(1989)는 27명의 섭식장애 환자의 96%가 불안정 애착유형으로 분류됨을 보여주었고, Kenny와 Hart(1992)는 정상인 대학생 162명과 섭식장애로 치료시설에 소속해 있는 68명을 대상으로 부모와의 애착 점수에서 집단 간 차이가 존재함을 보고하였다.

7) 애착과 인터넷 중독

부모와 안정된 애착을 형성할수록 사회적 지지를 높게 인식한다는 연구 결과에 비추어보면, 현실세계에서 아동에게 애착관계의 결여는 긍정적 피드백을 줄 수 있는 다른 대상을 찾게 만들고, 이를 인터넷 공간에서 채우려고 하다 보니 지나치게 온라인 게임 등에 몰두하는 것으로 나타나게 된다.

또한 한 연구에서는 회피형 집단이 안정형과 불안-저항애착유형에 비해 인터넷 중독 수준이 높다는 결과를 제시하였다. 이는 현실세계에서 대면 관계가 원활하지 않기 때문에 사이버 공간에서 대리 충족하려고 하기 때문이다. 그러나 여전히 현실세계에서는 지속적으로 고립감과 외로움을 경험할 뿐이다.

8) 애착과 진로

다수의 연구에서 부모와의 안정적인 애착은 자녀의 진로발달이나 진로성숙도에 긍정적인 영향을 미친다는 결과를 제시하였다. 특히, 어머니와의 안정적인 정서적 유대관계가 진로를 결정하는 데 있어서의 자신감에 영향을 준다(유나현·이기학, 2005). 그뿐만 아니라 안정된 애착으로 인해 얻어지는 긍정적인 자기평가와 자신감은 자신에게 맞는 진로와 직업선택에 보다 적극적인 태도를 가지는 데 중요한 역할을 한다(장석진, 2005).

9) 애착과 자아정체감발달

부모의 보호 속에서 유아기와 아동기를 성공적으로 보낸 청소년들은 아동기의 부모에 대한 의존과 애착을 갈망하면서도 심리사회적으로 독립하려고 한다. 이 과정을 통해 자아에 대한 분명한 인식을 갖게 된다. 청소년기가 되면 부모와의 정서적 유대를 통하여 안정된 기지를 제공받으며, 이를 통해 자신감을 가지고 적극적으로 자신의 미래를 만들어간다. 특히 어머니와의 안정된 애착은 청소년의 자아정체감 형성에 중요한 영향을 미친다.

PART 03

애착의 치료적 접근

아동의 애착문제를 도울 수 있는 치료적 방법은 다양하다. 치료자와 아동 간의 관계를 중심으로 개별 심리치료를 하는 경우, 부모와 아동이 함께 치료에 참여하는 방법, 그리고 부모상담과 교육을 초점으로 하여 진행하는 경우 등이 있다. 본 장에서는 치료적 영역의 면면들을 소개하고 부모와 교사, 학생, 초보상담자들이 애착문제를 가진 아동을 치료해가는 과정에 대한 이해를 높이고자 한다.

1. 치료자—아동 중심 접근

> 치료자의 역할은 엄마가 아이에게 세상을 탐색해 나갈 수 있도록 안전기지를 제공하는 것과 유사하다.
>
> – John Bowlby

1) 놀이치료(Play Therapy)

(1) 애착 놀이치료 대상

아래는 애착문제와 관련한 놀이치료적 접근을 할 때 그 대상에 속하는 아동들에 대한 설명이다. 애착문제와 다른 문제행동을 동반하고 있거나, 애착이 문제행동의 원인이 된 경우, 애착문제 그 자체가 행동문제로 나타난 경우 등 다양한 상황에 대해 애착치료적인 개별 놀이치료를 접근할 수 있다. 애착치료를 목적으로 하지만 아동의 발달지연 및 감정조절능력 문제, 사회성 발달의 문제 등 여러 관련 영역으로 확장하여 문제를 해결하는 데 도움을 줄 수 있다. 아래에서는 애착문제로 아동상담센터의 문을 두드리는 대표적인 증상집단을 소개하고 애착치료와의 유관성을 설명하고자 한다.

① 정신지체아동

정신지체아동은 낯설고 두려운 상황에서 부모에게 적절하게 도와달라고 하지 못하는 경우가 흔하다. 이것은 그들이 욕구나 필요가 없어서가 아니라 정서표현을 적절하게 할 수 있는 능력이 부족하기 때문이다. 애착은 자신과 타인을 인식하는 기초를 만들어주고 사회적 관계를 해석하는 바탕을 제공한다. 그러므로 놀이치료에서는 건강한 성인과의 안정된 애착을 바탕으로 하여 지능이 낮은 아동이 자신의 욕구나 감정을 적응적인 방식으로 표현할 수 있도록 도움을 제공한다. 또한 타인의 의도를 보다 적절하게 해석할 수 있도록 하여 사회적 관계를 유지할 수 있도록 도와준다.

② ADHD 아동

이 아동들은 어렸을 때부터 충동적이고 활동적이며 실수가 많은 편이다. 일반적으로 부모는 자녀의 행동을 바로잡아야 한다고 생각하기 때문에 야단을 치거나 벌을 주게 된다. 자주 혼이 나고, 비난을 받게 되면 부모나 사람들이 자신을 싫어한다고 생각하고 스스로를 부족한 존재로 인식하기 때문에 안정된 애착을 맺는 데 어려움을 가질 수 있다.

③ 섭식장애 아동

유아에게서 자주 볼 수 있는 이식증의 경우 아동에게 적절한 양육환경이 주어지지 않았거나 자극을 적게 주는 것이 원인이 될 수 있다. 놀이치료와 부모훈련을 통해 부모와 자녀가 즐겁고 긍정적인 상호작용을 할 수 있도록 도움을 주게되면 이식증이 완화되기도 한다.

④ 분리불안장애 아동

이 아동들은 애착대상과 분리시 불안을 느끼지 않아야 할 연령이되어서도 애착대상과 분리되지 못하는 어려움을 겪는다. 분리불안이 심하면 두려움으로 인해 애착대상을 따라다니고 집착하며 세상은 위험하고 통제할 수 없다고 느낀다. 아이가 갖고 있는 에너지의 90% 이상이 엄마에게 쏠려 있다고 볼 수 있다. 나머지 10% 정도로 낯선 기관에 적응도 해야 하고 새로운 친구들과 지내야 하니 두렵고 무서울 수밖에 없다. 이 아동들에게는 부모와 안정적인 애착을 새로이 맺을 수 있도록 도와주는 치료적 개입이 필요하다.

⑤ 반응성 애착장애

불안정애착은 심한 경우에 애착장애를 유발하는데 반응성 애착장애아동은 애착대상과 건강한 상호작용방식을 습득하지 못하여 여러 가지 문제를 보이게 된다. 발달지연을 나타내기도 하고 상호작용의 어려움을 보이기도 하며 사회적 관계를 단절하게 된다. 의사소통의 의도가 부족하기 때문에 치료자는 다소 구조적이고 개입적인 방식으로 안정적인 정서상태가 유지될수 있도록 도와준다. 이는 향후 언어나 학습치료와 같은 치료교육을 받아들이는 데 있어서 핵심적 역할을 한다.

⑥ 공격적인 아동

인간에게 공격성이란 선천적으로 타고나는 부분으로 내재된 공격성은 초기 양육의 질에 영향을 받는데 잘못된 양육환경과 애정욕구의 좌절이 공격성을 유발한다고 한다. 어릴 적부터 형성된 공격성은 부정적인 또래관계를 만들고 사회성이 부족해지고 타인에 대한 공감능력의 부족을 초래한다. 따라서 치료적 개입을 하여 내재화된 부정적인 공격적 표상을 긍정적으로 바꾸어주는 것이 도움이 되고 부모와 조율된 양육경험을 하도록 도와준다.

⑦ 위축된 아동

사회적으로 위축된 아동은 여러 가지 개인적인 요인으로 또래와의 상호작용이 적고 또래수용도가 낮다. 위축된 아동은 다른 아이들에게 말을 건다든지 상대를 쳐다보는 등의 접근행동에 어려움이 있다. 또한 관계의 질을 빈약하게 만들어서 부정적인 자기이미지와 타인이미지를 갖게 된다.

그런 이유로 자존감이 낮고 소극적이며 때로는 사람들 속에 융합되는 것을 두려워해서 은둔형 외톨이로 지내거나 등교거부로 발전하기도 한다.

(2) 애착 치료를 위한 치료적 과정

애착에 어려움을 가진 아동과의 놀이치료는 이론적인 근거에 따라 아동중심 놀이치료, 정신분석적 놀이치료, 분석적 놀이치료 등으로 나눌 수 있다. 애착문제행동의 원인, 아동과 부모의 특성, 문제의 수위, 치료자의 관점에 따라 다르게 접근법을 선택한다. 대표적인 이론적 접근법을 소개하면 다음과 같다.

① 애착과 아동중심 놀이치료

아동 자신의 내부에 성장을 이끌어나갈 생명력의 원천이 있기 때문에 치료자는 아동과 환경과의 부조화 문제를 해결함으로써 자아실현을 촉진해준다. 아동과 따뜻하고 친밀한 관계를 형성하고 아동을 있는 그대로 수용해주며 감정을 반영해줌으로써 자신의 행동에 대한 통찰력을 갖도록 한다. 또한 비평가적이고 무비판적인 치료자와 따뜻한 인간관계를 경험하면서 아동은 자신이 하나의 인격체로 대우받고 있다는 느낌을 가지게 된다. 이러한 교정적 경험을 통해 심리적 상처가 치유되기도 하고, 바람직한 인간관계를 새롭게 배우게 된다.

② 애착과 정신분석적 놀이치료

정신분석에서는 아동이 부모와 같은 초기 인물들과의 관계 갈등에 여전히 몰두하고 있으므로 역기능을 보이는 것으로 본다. Freud는 어린 시절의 박탈감에 따른 정신적 결과에 관심을 가졌는데 그는 모든 행동을 어린 시절 부모와의 관계에서 발생한 사건의 결과로 이해할 수 있고 신경증의 주요 요인으로 어린 시절 부모와의 분리를 지목하였다. 따라서 놀이 속에서 억압되지 않은 사고들을 말로 나타내고 명료화하는 것, 이해해주는 성인분석가와의 관계에서 아동이 직접 경험하는 바람직한 정서적 경험 그리고 분석가가 부모에게 조언해서 아동의 환경을 조작함으로써 아동의 건강한 애착을 회복하도록 돕는다.

③ 애착과 분석적 놀이치료

정신병리란 양육자가 아동을 반영해주는 과정을 실패하면 거부의 고통스러운 감정으로부터 자신을 보호하기 위하여 아동이 방어를 증가시키고 '나쁜 어머니 혹은 나쁜 아버지'라는 이미지를 개인적인 무의식 속으로 억압한 결과로 일어난다. 애착의 붕괴는 분노와 절망을 가져오게 하고 신체적 혹은 성적인 학대는 해리를 가져오며 에너지는 건강한 자아발달로부터 멀어지고 초기의 부정적인 경험 때문에 아동들은 최초의 양육자와 분리–개별화의 과정에서 어려움을 겪게 된다. 칼프는 융의 가르침을 받아 환자의 자기치유능력을 최대한으로 이용하기 위한 기법으로 모래놀이기법을 발달시켰다. 칼프는 치료자와 환자의 관계를 '모자일체성'이라고 표현했는데 이와 같은 관계가 성립되면 자기(self)의 상징이 생겨나며 보호된 장면에서의 상징 체험에 의해 치료가 진행된다. 아동이 자신의 환상적인 주제를 자발적으로 다루고 치료자와 함께 나눔으로써 스스로 치유하는 과정을 갖게 된다.

즉 치료자는 아동의 손상된 이미지를 재구축하는 역할을 하며 아동은 자신에 대한 좋은 감정뿐 아니라 긍정적인 부모의 심상을 발달시키고 안정된 애착을 형성할 수 있게 된다. 이러한 놀이치료 과정을 거치며 상담자와 아동 간의 상호작용에 의해 아동의 정서가 조절되고 이를 통해 안정감이 생겨난다. 이런 안정감으로 인해 아동의 부정되거나 분열되었던 경험에 접근할 수 있게 되고 자신의 경험에 대해 좀 더 성찰할 수 있게 된다. 애착에 초점을 둔 치료의 관계적·정서적·성찰적 과정은 그동안 부인되어 온 경험의 통합을 촉진함으로써 아동 안에 좀 더 일관되고 안정된 자기감을 키워준다.

🐑💗 사례 엿보기

내담아동은 6세 남아로, 유치원 등원 거부로 인해 상담실에 발을 들여놓았다. 등원 거부 외에도 모와 떨어지기 힘들어하고 동생을 많이 미워하며 친구들과의 관계도 원만하지 않았다. 아동은 어릴 때부터 분리불안이 심했고, 직장을 다니는 어머니는 어린 동생과 분리불안을 보이는 큰 애를 동시에 돌보느라 지친 상태에 있었다.

아동은 치료실에 들어와 장난감을 둘러보면서 장난감을 꺼내지는 못하고 머뭇거렸다. 처음 치료실에서 치료자에게 '무서워요. 같이 가요'라고 하며 놀잇감을 탐색하기 시작하였으며 치료자가 손을 잡고 도와주자 보다 적극적인 놀이가 진행되었다. 치료자와 집 안에서의 무서운 상황에 대해 이야기해보는 시간을 가졌다.

아동은 특히 악어 피겨에 대한 공포감이 심했고 치료자 등 뒤로 숨으며 자신의 공포감정을 많이 드러냈다.

아동은 악어를 통해 부정적인 모성상을 떠올렸고 모로부터 애정을 상실할지도 모른다는 불안감 때문에 겁을 내고 있었다. 특히 유아기 초기에 자신과 환경에 대한 기본적인 신뢰감이 형성되지 못한 내담아동은 이런 불안감이 높은 수위에 머물러 있었다. 치료과정에서 아동은 음식놀이를 통해 치료자에게 무엇을 먹을 것인지 물은 뒤, 치료자가 특정 음식을 말하면 다른 음식을 던져주며 먹으라고 명령하거나 치료자를 혼내는 놀이를 반복하였다. 평소 직장생활로 바빴던 어머니는 아동의 욕구를 들어주기보다 시간에 쫓겨 음식을 강제로 먹일 때가 많았다. 아이가 음식을 먹지 않으려고 하거나 좌절에 대한 표현으로써 떼쓰기, 동생 괴롭히기 등의 행동을 보일 때마다 엄마는 더욱 강압적인 방법으로 훈육하였다. 아동은 자신이 먹고 싶어 하는 것보다는 모가 먹이려는 음식을 위주로 먹어야만 했고 안 먹으려 할 때마다 아동을 꾸짖고 비난하던 부정적 경험을 놀이를 통해 풀어내었다. 또 아동은 아기 인형의 옷을 급히 벗겨 세탁기에 넣어 세탁하고 다시 입히고 벗기고 세탁하는 놀이를 반복하며 강박적으로 세탁놀이를 하였다. 이는 동생에게 잘 해주려고 하면서 동생에 대한 미움과 이때 생기는 죄책감에서 벗어나려는 욕구를 해결하고자 하였다.

아동은 또한 놀이에서 모래에 구슬을 숨기며 어머니 목소리로 '여기로 빠져라. 푹 빠졌어'와 같은 표현으로 분리되지 못하고 모체 안으로 사라지고 함입되는 공포를 놀이로 표현하였다.

그런 과정에서 점차 대상항상성을 획득하여 어머니에 대한 일관된 상을 유지할 수 있는 능력을 얻어갔다. 치료자는 심리적으로 건강하고 행복한 어머니상을 유지하며 아동의 욕구에 적절하게 반응해주고 민감하게 살펴줌으로써 무한한 애정을 전달하였다. 내담아동은 상담을 통해 생애 초기 단계에 많은 것들이 거부되어 좌절되었던 애정욕구를 해결하고, 긍정적인 어머니상을 회복하여 모자관계를 교정하여갔다. 치료과정에서 아동은 그동안 치료자에게 전한 부정적인 어머니상 때문에 불안하기도 했다. 그러나 아동의 잠재의식 속에 긍정적인 어머니상이 생겨났음을 보여주고 일상생활에서도 어머니에 대한 불안의식이 대부분 해소되는 것을 관찰할 수 있었다. 더불어 동생에 대한 적대감이나 죄책감보다 우애와 같은 건강한 감정을 형성할 수 있게 되었다.

(후략)

2) 치료놀이(Theraplay)

치료놀이는 애착문제나 부모자녀관계가 행동문제의 근원인 경우에 식물에 집중적으로 양분을 주는 것처럼 치료자의 주도하에 이루어지는 대표적인 방법이다. 달리 설명하면 치료놀이는 접촉놀이를 활용하여 관계를 증진시키는 치료자 주도의 심리치료법으로써 애착이론에 기반을 두고 있다. 접촉을 통해 아동에게 자신이 강하고 스스로 가치가 있다는 느낌을 주어 양육자와 안정애착되었다는 내면의 감정을 발달시키는 결정적 방법이다(Jernberg & Booth, 1999; Munns, 2000).

(1) 대상

치료놀이의 대상은 위축되고 우울한 행동으로 대표되는 내면화 아동과 과잉행동적이고 공격적인 행동을 주로 드러내는 외현화 아동의 문제행동 및 다양한 어려움을 해소하는 데 효과적이다. 특히 내적조절능력이 부족한 충동적 아이들, 과보호로 인해 소심하고 겁이 많은 위축된 아동, 자폐아와 같이 높은 보호막을 치고 있는 회피적인 아동들, 양육을 거의 받지 못한 공격적이고 과잉행동하는 아이들 또는 나이에 비해 조숙한 아이들에게 효과적이다(성영혜, 2002).

(2) 원리

치료놀이는 성인과 아동의 신체접촉과 눈맞춤을 강조하고 양육적인 관계에 초점을 두며 주요목적은 건강한 애착 및 자존감을 증진시키고 다른 사람에 대한 신뢰를 갖게 하는 것이라는 점에서 몇 가지 원리를 지니고 있다. 부모-자녀간의 정상적인 상호작용의 반복을 근간으로 신체적 접촉, 즐거움, 재미 등을 기초로 활용하는 방법으로 치료놀이의 원리를 아래에서 구체적으로 살펴보겠다.

① 구조(structure)

어린 아이가 커가면서 부모나 다른 성인의 사랑이 필요한 것과 마찬가지로 구조화된 시간과 공간이 필요한데 이를 통해 아이는 해서 되는 것과 안 되는 것을 구별하고 익히면서 환경을 예측할 수 있게 되어 안정감을 가질 수 있게 된다. 만약 아이가 뜨거운 주전자 근처에서 놀고 있다고 가정할 때 부모가 주전자를 만지면 뜨겁고 다칠 수 있다고 알려줌으로써 아이는 부모가 자신의 행동을 책임지고 보호해주며 구조와 제한을 해줄 거라는 믿음을 갖게 되고 안전에 대한 느낌을 가지게 되는 것이다.

② 개입(engagement)

개입이란 부모가 아이를 혼자 두지 않고 장난을 치고 함께 놀아주는 과정에서 서로 함께 있는 것이 즐겁다는 것과 자신의 존재감을 알아가는 것이다. 영아를 둔 부모는 아이의 볼과 배에 대고 '푸'하고 바람을 불어주며 논다. 이때 아이는 간지럼과 유쾌한 기분을 느끼고는 곧 웃음으로 화답하게 되는데 이러한 상호작용을 통해 자기 자신과 몸의 경계에 대해 알게 되고 자신이 부모에게 기쁨을 주고 있다고 느낀다.

③ 도전(challenge)

아이는 어릴 때부터 계속되는 도전을 통해 어려움을 이기고 더 성장하게 되는데 도전의 결과 세상에서 더 많은 만족감과 성취감을 느끼게 된다. 돌 전의 아이가 이유식을 먹기 시작할 때를 관찰해보면 이들에게 이유식이나 밥을 숟가락에 올려 입으로 가져간다는 것은 참으로 어렵고 대단한 과제로 느껴질 것이다. 처음에는 흘리는 것이 더 많고 입가에 묻히기를 수없이 반복하다가 계속되는 도전 후에 거의 흘리지 않고 음식을 입에 넣는 달콤한 성공을 통해 자신감을 획득하는 것이다.

④ 양육(nurture)

영아는 사랑과 보살핌의 표현인 양육을 통해 자신이 가치가 있고 사랑스러운 존재임을 느낀다. 만약 아이가 더운 여름날 너무 덥고 짜증이 나서 운다고 가정해보자. 이때 엄마가 바쁘고 귀찮아하며 아이를 보살피지 않고 반응해주지 않는다면 아이는 자신을 무능하고 쓸모없게 생각하게 된다. 부모는 아이를 안아주고 보살펴주는 양육행동을 해주어야 아이가 편안함과 안정감을 느낄 수 있게 되고 자신이 소중한 존재라는 신념과 내면의 이미지를 형성해 갈 수 있게 된다.

(3) 대표적인 절차상의 방법

① MIM 실시와 분석

MIM은 부모와 아동 사이의 유대를 측정하기 위하여 1960년에 마샥

(Marschak)이 개발한 방법으로 치료놀이에서는 대개 어머니와 아동의 상호작용의 질을 관찰하기 위해 실시한다.

MIM 카드의 예

- 부모와 아동이 함께 동물인형을 가지고 놀기(개입)
- 부모가 아동에게 자장가를 불러주기(양육)
- 부모와 아동이 서로 로션 발라주기(양육, 개입)
- 부모와 아동이 블록 8조각을 나누고 부모가 먼저 블록을 만든 후 아동에게 따라해 보라고 하기(구조, 도전)
- 부모와 아동이 서로 먹여주기(양육, 개입)
- 부모와 아동이 서로 마주 보고 이야기하기(개입)
- 부모가 아동에게 아동이 어른이 되었을 때의 이야기를 해달라고 하기(도전)
- 부모가 '네가 태어났을 때…'로 시작하는 이야기를 아동에게 들려주기(양육)
- 부모와 아동이 서로 머리 빗겨 주기(양육)
- 부모와 아동이 함께 '쎄쎄쎄' 하기(개입)
- 부모와 아동이 함께 손가락 레슬링 하기(도전)
- 부모가 아동에게 한 발로 깡충깡충 뛰고 발을 바꾸어 다른 발로 뛰게 하고 마지막으로 두 발로 뛰게 하기(구조, 도전)

MIM 상황은 부모와 아동의 동의를 얻어 치료자가 직접 관찰하며 자세한 분석을 위해 기록이나 녹화를 한다. 치료자는 우선 부모에게 탁자에 카드가 놓여 있는데, 여기에는 아동과 부모가 해야 할 일이 적혀 있으며 한 번에 한 번씩 뒤집어보면서 소리 내어 읽은 후 과제를 수행하면 된다고 일러준다.

치료자는 주호소를 바탕으로 카드과제를 설정한다. 이 활동에는 정답이 없고 부모가 지금까지 해온 대로 아동과 활동하며 언제 다음 활동으로 넘어갈지, 어떻게 상황을 이끌어나갈지는 부모가 결정한다고 설명해준다. 그 후 치료자는 그들의 상호작용을 방해되지 않도록 기록한다.

MIM을 위해 놀이실에 어머니와 아동이 함께 들어서는 순간부터 어머니가 상황을 어떻게 이끌어가는지, 아동은 이에 어떤 식으로 반응하고 어머니는 어떻게 대처하는지가 나타난다. 놀이실에서의 부모자녀 간의 상호작용을 파악하고 일상에서의 상호작용을 유추하여 문제의 원인을 설명할 수 있다는 장점이 있다. MIM이 끝나고 나면 치료자는 부모와 상담시간을 가지며 부모와 아동 간 상호작용을 잘 이해하기 위해 다음과 같은 질문을 한다.

· 가장 하기 편했던 활동 혹은 마음에 들었던 활동과 그 이유는?
· 가장 힘들었던 활동 혹은 마음에 들지 않았던 활동과 그 이유는?
· 집에서 하는 것처럼 아동과의 관계가 잘 나타났는가?
· 활동 중 놀라웠던 일이 있는가?
· 아동이 좋아하는 활동과 그렇게 생각하는 이유는?
· 아동이 싫어하는 활동과 그렇게 생각하는 이유는?

치료자는 이와 같은 질문을 통해 부모와 아동이 활동에 대해 갖는 의미를 알 수 있고 아동과 함께 지내는 부모의 하루가 어떠한지, 부모와 아동 간 긍정적 측면과 지지해줄 것은 무엇인지, 부정적 측면과 변화되어야 할 것들은 무엇인지, 아동이 부모에게 원하는 것과 부모가 아동에게 원하는 것이 무엇인지, 가족의 건강성과 변화 지탱 능력은 무엇인지를 유추할 수 있으며 치료전략과 목표를 세울 수 있다.

(4) 아동의 변화과정(신현정, 2009)

치료놀이를 하면서 아동은 변하게 되며 아래의 과정을 거쳐 자신과 타인에 대한 이미지를 바꾸어간다.

① 고수: 하던 대로 하기

치료놀이를 처음 접하게 된 아동은 예전에 다른 사람들을 대했던 방식으로 치료자를 대한다. 치료자가 주는 구조를 받아들이기 힘들어하고 화를 내며 상황을 통제하려 할 수도 있으며 계속해서 자신이 하던 방식을 고수하려 한다.

② 해방: 다르게 느끼기

아동과 치료자는 접촉하면서 관계를 맺어나가기 시작하고 아동의 흥분도 진정되어간다. 뻣뻣하고 경직되었던 아동의 몸도 조금씩 자연스러워지고 아동의 감정변화는 웃음으로 나타난다. 강요하고 다그치는 어른의 이미지는 공 싸움을 하면서 대등하게 느껴진다.

③ 혼돈: 혼란스러워지기

'다름'을 경험하게 된 아동은 예전의 자신과 현재의 자기 사이에서 혼란스러워지고 자신을 비춰주는 치료자나 어머니의 모습에서 예전처럼 비난받거나 꾸중을 듣지 않게 된 자신을 보며 머뭇거리게 된다. 그렇게 위축되고 나아지고 또 위축되었다가 나아지면서 변화하게 된다.

④ 확인: 시험하기

아동은 그동안 다른 사람들과 지내온 것처럼 치료자를 대하는데 이때 치료자는 이전의 어른들과 다르게 버텨주어서 변화된 아동을 확인시켜주어야 한다. 아동이 저항을 보이고 제안을 따르지 않는 상황에서도 치료자는 아동을 잘 담아주고 구조화 해 줄 필요가 있다.

⑤ 확립: 자기 찾기

아동은 관계 속에서 자신을 구성하고 재구성해 나가는데 장난치고 노는 행동과 그것을 보고 웃어주는 대상을 통해 자신이 받아들여짐을 느끼고 자신을 그대로 드러낼 수 있게 되고 비로소 아이답게 된다.

🐑 위축된 아동의 어머니 이야기

선생님이 치료가 끝나면 제게 집에 가서 아이를 간질이고 깔깔깔 웃으며 놀아주라고 할 때는 사실 마음에 잘 와 닿지 않았어요. 막상 잘 되지도 않았구요. 놀아주려고 하면 다른 할 일들이 생각났고… 놀이실에서 새어나오는 선생님과 아이의 커다란 웃음소리를 듣다가 치료실 문이 열렸고 아이가 손에 로션을 듬뿍 바르고 얼굴에 예쁜 스티커를 붙이고 나왔을 때 가슴이 저며 왔어요. '나는 내 아이와 저렇게 놀아주지 못했구나'하는 생각이 밀려오면서요. 어떻게 해서 그렇게 내게는 어려운 일이 되었는지요. 선생님이 아이의 어깨가 뭉쳐 있다고 하셨는데 그날 집에 가며 아이의 어깨를 만져보니 힘이 들어가 있지 않고 말랑거렸어요.

(5) 치료놀이 활동 예

① 양육

양육활동을 할 때 치료자는 아동이 사랑스러운 존재라는 느낌을 받을 수 있도록 노력해야 한다.

· 로션놀이(양육), 김밥말기(양육), 요람 태우기(양육), 담요 끌어주기(양육), 먹이기(양육), 신체 살피기(양육), 방석타기(양육), 머리 빗기(양육)

아동과 치료자가 마주 앉아서 아이가 다친 곳은 없는지, 특별한 곳이 있는지 아동의 신체를 소중하고 세심히 살핀다. 다친 곳이 있을 경우 그 부분을 '호'하고 불어주고 안타까워하고 있음을 표현한다.

· 솜공 터치(양육, 개입)

아동과 치료자가 마주 앉아서 치료자가 아동의 코를 솜공으로 살짝 터치하고 아동에게 터치한 곳을 가리켜보도록 한다.

② 개입

개입활동을 할 때 치료자는 '아동과 함께하는 것이 매우 즐겁다'는 메시지를 아동이 느낄 수 있도록 해야 한다.

· 비눗방울 놀이(개입)

· 소리 나는 신체(개입)

치료자는 아동과 눈높이를 맞추고 앉아서 아동의 손을 잡아 치료자의 코에 가져다 대고 살짝 누르게 한다. 이때 치료자는 '삐삐'하고 소리를 내고 신체

부위를 바꿔가며 소리를 낸다.

· 비행기 놀이(개입), 몸 그리기(개입)

· 손가락 발가락 찾기(개입)

아동의 몸을 담요로 덮거나 손과 발을 수건으로 가린 후 치료자가 아동의 손을 만지면서 손가락을 찾거나 다른 신체 부분을 찾는다.

· 까꿍놀이(개입), 쎄쎄쎄(개입), 과자 감추고 찾기(개입)

· 거품놀이(개입)

치료자가 대야에 비누를 풀어 거품을 만들고 아동과 함께 거품을 건져 아동의 손에 전달하거나 그림을 그려준다.

· 호일 감싸기(개입)

치료자가 아동의 손을 호일로 조심스럽게 감싸서 모양을 만들어준다. 발, 머리 등의 신체 부분을 본 떠주며 아동의 소중한 신체를 인식시킨다.

③ 구조

구조활동을 할 때 치료자는 성인이 제공하는 범위를 아동이 안전하게 받아들이도록 함으로써 성인은 믿을 만하고 자신을 안전하게 하며 예측할 수 있어 불안하지 않게 해준다는 느낌을 받도록 해야 한다.

· 솜공 불기(구조)

· 손탑쌓기(구조)

치료자가 먼저 손등이 위로 오게 한 손을 내밀고 아동이 치료자의 손 위에 자신의 손을 얹는다. 여러 번 반복한 후 치료자가 '아래로'라고 말하면 손을 아래로 쌓아나간다.

· 징검다리 건너기(구조, 도전)

· 손가락 레슬링(구조, 도전)

치료자와 아동은 로션을 바른 오른손을 서로 악수하듯 잡고 치료자가 신호를 주면 서로 엄지손가락만 올려서 상대방의 엄지손가락을 누른다.

· 방석 쌓기(구조, 도전), 무궁화 꽃이 피었습니다(구조)

· 퍼프 찍기(구조, 도전)

치료자는 바닥에 색 테이프로 네모난 선을 만들어 붙이고 그 안에 아동과 대각선으로 서서 치료자의 신호에 따라 오른쪽으로 움직인다. 빠른 걸음으로 선을 벗어나지 않고 걸어가서 서로의 등에 파우더를 묻힌 퍼프를 찍는다.

· 신문지 얼음 땡(구조)

신문을 4절지 크기로 자른 후 아동과 치료자가 한 장씩 갖고 치료자가 '땡'하면 신문을 찢고 '얼음'하면 신문 찢기를 멈춘다.

· 인형 인사(구조)

치료자가 아동과 마주앉아 손을 잡고 치료자의 머리에 인형을 올린다. 치료자가 '하나, 둘, 셋'하고 신호를 주고 인사하면 아동은 떨어지는 인형을 받아내야 한다.

④ 도전

도전활동을 할 때 치료자는 아동에게 '할 수 있다'는 자신감을 심어주도록 반응해야 한다.

· 풍선치기(구조, 도전), 축구(도전)

· 신문지 펀치(도전)

치료자가 신문지를 팽팽하게 잡고 신호를 주면 아동은 신문지의 가운데를 주먹으로 쳐서 힘껏 뚫는다. 두 장, 세 장 등으로 수를 조절하면서 아동의 유능감을 키워준다.

· 솜공 던지기(도전)

두 주먹 정도 되는 크기의 솜공을 아동과 치료자 앞에 각각 두고 방석으로 서로 얼굴을 가리고 솜공을 던지고 날아오는 솜공을 열심히 막는다.

· 페트병 쓰러뜨리기(도전)

· 휴지 미라 만들기(도전)

치료자가 아동의 몸을 두루마리 휴지로 미라처럼 감싸고 치료자가 신호를 주면 아동이 휴지를 찢고 나온다.

· 강 건너기(도전)

색 테이프로 바닥에 두 줄을 그어 강처럼 만들어 놓은 후 아동은 치료자의 신호에 따라 색 테이프나 리본테이프를 뛰어넘는다.

2. 부모-아동 중심 접근

> 거울보다 먼저 보는 것은 엄마의 얼굴이다. 엄마의 얼굴에 반응이 없으면, 그때 거울은 쳐다보는 것일 뿐 들여다보는 것은 아니다.
>
> – D. W. Winnicott

애착에 어려움을 가진 아이들을 위해 부모가 직접 치료에 참여하여 치료적 역할을 수행해내는 방법도 있다. 우리나라에 소개되어 실시되고 있고 외국의 임상현장에서 그 효과성이 입증된 대표적인 방법은 부모-자녀관계 놀이치료와 모-아 애착증진 프로그램으로 아래에 소개하고자 한다. 이 두 가지 접근법은 애착문제 외에도 다양한 부모자녀관계에서의 어려움을 효과적으로 해결하는 데 좋은 방법이다. 대상도 일반 어머니뿐만 아니라, 직장을 다니면서 아이와의 질적 관계를 형성하기가 현실적으로 어려운 어머니, 조손가정의 조부모와 아동, 미혼모가족, 한부모가족, 다문화가족(부-자녀, 또는 모-자녀) 등 다양한 대상들에게 양육자와의 보다 질적이고 효율적인 관계 촉진을 위해 유용하게 접근할 수 있을 것이다.

1) 부모-자녀 놀이치료(Filial Play Therapy)

(1) 부모-자녀 놀이치료란?

아동을 대상으로 놀이치료를 하면서 부모상담을 병행하게 되는데 아동치료와 더불어 부모가 같이 치료를 병행하면 변화의 속도가 빠르고 치료 후의 결과가 좋다는 연구보고들이 있다. 부모-자녀 놀이치료는 부모-자녀관계를 증진시키기 위한 목적으로 부모에게 놀이치료사의 역할을 훈련하여 놀이치료실에서뿐만 아니라 치료실 밖의 장면에까지 연장하도록 부모의 치료자 능력을 기르기 위해 고안되었다.

(2) 대상

부모-자녀 놀이치료는 3~12세 정도의 아동에게 사용할 수 있다. 그러나 청소년기의 아이들에게도 적용할 수 있도록 청소년 자녀를 위한 아동중심 놀이치료의 특별한 시간이 제공된다.

부모-자녀 놀이치료는 아동이 사회적·정서적인 문제를 가지고 있을 때 적합하다. 즉, 또래관계에서 형성된 불안이나 우울, 공격적인 행동 그리고 학교생활에서 경험하는 좌절 또는 외상으로 인한 문제, 형제관계의 문제, 유뇨증 등을 가진 아동의 경우에 효과적이다.

특히, 아동이 놀이치료를 받고 있는 동안에 병행하여 치료효과를 높이길 원하는 경우, 치료종결 이후 치료효과를 지속적으로 가져가길 원하는 경우 그리고 아동에게 애착문제가 있거나 나이가 너무 어리거나 분리불안으로 인해 부모와 떨어지지 못하는 아동의 경우에는 치료를 위해 집 밖으로 외출하는 것이 제한적이므로 부모와 자녀가 집에서 실시하여 도움을 받을 수 있는 치료법이다.

(3) 부모-자녀관계 평가

부모-자녀 놀이치료는 3단계의 평가과정을 거친다.

첫 번째 단계는 치료사와 부모의 면접으로 치료사는 문제를 듣고 문제를 탐색하며 아동과 가족 간의 발달적 역사와 사회적인 정보를 수집한다. 또한 필요한 사전검사를 한다.

두 번째 단계는 가족놀이의 관찰단계로 놀이치료실에서 가족놀이를 20~30분간 진행하며 치료자는 일방경을 통해 놀이를 관찰한다는 것을 알려주고 적당한 장소에서 관찰한다.

세 번째 단계로 치료사는 부모와 면담을 한다. 부모는 가족놀이 때와 아동이 편안할 때의 행동을 비교하고, 치료사는 부모와 관찰을 공유하여 부모와 아동과의 관계에서 나타난 문제점을 인식시키고 치료를 위한 방법을 추천한다.

(4) 부모-자녀 놀이치료 과정

① 부모훈련

아동의 발달과 가족들이 도움을 받아야 하는 이유에 관해 설명하고 이러한 논의를 거쳐 놀이치료사는 세 단계로 부모를 훈련시킨다.

■ 놀이장면 실연하기

치료사는 아동과 약 15~20분 길이의 아동중심 개별놀이를 실시하고 부모는 일방경을 통해 치료사의 역할과 아동의 행동을 관찰하게 한다. 치료사의 실연이 있은 후에 부모가 관찰한 것에 대해 논의하기 위하여 부모하고만 만난다. 부모의 질문에 대해 함께 이야기하고 치료사의 그동안의 경험을 토대로 놀이치료사의 역할을 이야기한다.

■ 첫 부모훈련하기

부모훈련 단계에서 부모가 배워야 할 4가지 기초적인 기술-구조화, 공감적 경청, 아동중심 상상놀이, 제한설정 기술-을 설명하고 아동이 보이는 부정적 반응이나 놀이치료 과정 동안에 아동이 하는 질문을 어떻게 다룰 것인가도 이야기한다(<표 8> 참조). 이러한 첫 훈련과정은 보통 한 회기 내에 기법을 배울 수 있으며 부모들의 개인차를 고려하여 실시한다.

표 8 부모가 배워야 할 기초적인 기술

구조화	· 구조화란 놀이치료 실시를 위해 부모가 놀이세션을 어떻게 전개할까에 대한 틀을 짜는 것임 · 놀이방에 들어올 때, 화장실에 가려 할 때, 퇴실준비를 설명하는 방법을 배움 예) "너는 이 놀이방에서 네가 원하는 것은 대부분 할 수 있어. 만약 해서는 안 되는 일이 있다면 알려 줄 거야."
공감적 경청	· 아동의 감정과 요구의 수용을 전하는 방법으로 자녀에게 부모의 이해와 예민함을 보여주는 데 도움이 됨 예) 아동이 '내 그림을 봐요. 크지 않아요?'라고 말할 때 부모는 '너 자신에 대해 자랑스러워하고 있구나'라고 할 수 있음
아동중심 상상놀이	· 아동이 부모에게 놀기를 요구하는 다양한 역할을 가르치도록 함 · 아동은 놀이의 연출자이고 부모는 아동의 지도 아래 배우가 되어 어떻게 연기할 것인지를 지시함 · 상상놀이를 통해 아동의 현재 갈등과 부정적 정서를 일으키는 주제를 알 수 있게 됨
제한설정	· 제한 설정은 아동에게 안전감을 제공하기 때문에 중요하며 일관성이 중요함 예) '너는 총으로 나를 쏘고 싶구나, 놀이를 시작하기 전에 해서는 안 되는 것에 대해 내가 말한 것을 기억해봐. 여기서 할 수 없는 일 중의 하나는 장전된 총을 나에게 겨누거나 쏘는 것이란다.'

■ 가상놀이 훈련하기

다음 단계는 부모와 놀이치료사가 가상놀이 장면을 상정하여 훈련하는
것으로 놀이치료사는 대개 정직하고 예의바른 아동의 역할을 하며 10~15분
정도 실시한다. 가장 중요한 것은 가상놀이 과정 동안이나 후에 놀이치료에
대한 피드백을 부모에게 하는 것으로 치료사는 교육자, 상담자, 내담자의
역할을 동시에 번갈아하면서 부모가 놀이치료사의 역할을 습득하도록
돕는다.

전형적으로 치료사 1명이나 2명이 6~8명의 부모치료그룹과 함께 일주일에
한 번씩 약 두 달간 기법을 연습한다. 다음 훈련시간에는 이전보다 한 수준
높은 단계의 훈련기법을 익힐 수 있도록 부모를 돕기 위해 난이도를 높인다.

② 부모-자녀 놀이치료 실시하기

훈련과정이 끝나면 이제 부모가 치료사가 되는 첫 놀이시간을 갖는다. 첫
번째 놀이치료 장면은 부모가 20분 동안 자녀와 함께하고 두 번째 놀이치료
장면은 30분 정도로 늘인다. 치료사는 일방경 밖에서 관찰하거나 일방경을
사용할 수 없다면 놀이실의 문을 열어두고 문밖에 앉아서 관찰할 수 있다.

관찰이 끝난 후 부모면담을 통해 피드백을 주고받는다. 치료사는 아동의
놀이에 대한 의미를 부모가 이해하도록 돕는다. 이 과정을 통해 부모의 불편한
감정을 해소하기도 하고, 더욱 적절한 반응을 배울 수도 있게 된다.

③ 가정에서 놀이치료 실시하기

놀이실에서의 훈련과정이 끝나면 가정에서 놀이치료를 할 수 있도록

계획하는데, 치료의 한 세션은 놀잇감을 준비하는 데 사용한다. 또한 놀이치료에 적절한 시간과 장소, 방해요인을 통제하는 방법 등을 치료사와 부모가 함께 의논하고 준비한다.

Tip

장난감 준비

많은 가족이 장난감 세트를 완벽하게 준비할 여유가 없으므로 준비할 수 있는 가능한 장난감으로 마련하는데 예로, 마분지 상자가 인형집의 내부를 대신할 수 있고 때론 동물가족 인형이 사람 가족 인형보다 쌀 때가 있어서 가족의 주제를 표현할 때 사용할 수 있다. 아동이 가지고 있는 장난감과 구분되는 독립된 장난감을 준비하도록 한다.

놀이 장소

두 명의 사람과 장난감을 둘 수 있는 정도의 공간으로, 깨지기 쉬운 것과 귀중품이 없고 놀이행동의 제한을 받지 않고 공격적인 놀이를 할 수 있으며 물놀이를 할 수 있고 물이 엎질러져도 괜찮은 곳이면 좋다.

놀이 시간 계획

매주 30분의 놀이시간을 정규적으로 가지며 이때 아동의 흥미를 고려해 아동이 놀이에 전념할 수 있는 적당한 시간으로 정한다. 부모는 자녀와의 놀이 중에는 자녀보다 더 중요한 것은 없다고 생각하고 집중하는 노력이 필요하다.

2) 모-아 애착증진 프로그램

(1) 적용

애착 관련 연구들은 영아기 안정애착형성의 중요성을 입증하고 있고 불안정애착의 치료에 관심을 가지고 있다. 안정애착이 유지되기 위해서는 어머니의 애정적 행동이 중요하다. Egeland와 Farber(1984)는 단순한 영아 돌보기 기술뿐 아니라 어머니 스스로의 긍정적인 태도 및 어머니의 역할인식과 자신감이 영아의 안정애착을 형성하고 유지하는 데 중요하다고 하였다. 또한 불안정애착 관계였더라도 어머니가 민감하고 협조적이며 자녀가 원할 때 도움을 주고 자녀를 소홀히 하지 않는 등의 신뢰를 회복할 때 안정애착으로 변화할 수 있으며 어머니가 지속적인 노력을 하는 데 교육프로그램이 도움된다.

(2) 대상 및 방식

반응성 애착장애, 자폐와 같은 발달장애에 특히 효과적이며 영아와 부모 간 건강한 애착형성을 돕고 심리적 문제의 예방 차원에서도 활용할 수 있다. 주로 부모의 민감성을 높일 수 있는 교육프로그램이나 영유아와의 상호작용의 질과 애착을 증건시킬 수 있는 집단프로그램 방식으로 진행된다. 치료기간이 12~20회기 전후로 길지 않으므로 사회성을 키우길 원하는 경우와 시간이 제한적일 경우 유용하다.

(3) 효과 연구

모-아 애착증진 프로그램은 자폐아동과 애착장애아동들의 사회적 증진뿐만 아니라 문제행동의 개선에도 유용한 중재 프로그램으로서의 가능성을 보였다(홍강의·임숙빈·이소우·홍강의, 2000).

이영, 김온기(2000)도 어머니와 영아 간의 애착을 증진시키고자 프로그램을 실시하였으며 이때 어머니는 교사의 행동을 관찰하면서 아동의 놀이상대자가 되어주었고 활동 후 어머니의 자녀에 대한 관심과 신뢰가 증가하였고 영아의 신체적 발달, 자조성, 사회성, 지적 발달의 증진을 보였다. 특히, 의사소통 능력 부분이 가장 두드러지는 효과로 나타났다. 김이정(2006)과 박은희(2008)의 치료놀이 연구도 어머니의 민감성을 향상시켜 영아와의 안정애착성을 증가시키고 영아와의 상호작용을 긍정적으로 변화시키는 결과를 보고하였다.

(4) 프로그램 예시(김정희, 2009)

① 프로그램 목표

영아의 발달에 대한 지식과 이해를 도모하며 부모로서의 유능감과 자신감을 가진다.

영아가 심리적 안정감을 얻으며 다양한 경험을 할 수 있도록 하고 상호작용하는 방법을 익힌다.

신체적 접촉을 통한 상호작용으로 영아의 발달을 돕고 애착을 증진시킨다.

② 실시 기간

매주 1회 40분 동안 총 20회기 실시함.

③ 매 회차 활동과정 순서

표 9 모-아 애착증진 프로그램 예시

순서	활동 제목	시간	활동 내용
1	발달 이야기 나누기	10분	·인사나누기 ·영아의 발달이야기 나누기 ·궁금한 점과 부모교육 전달하기
2	어머니-영아 전래 몸놀이 활동	10분	·음악에 맞춰 인사노래(동작) ·국악음악을 이용한 전래놀이 ·신체접촉을 위한 마사지 ·비눗방울 놀이(엄마와 상호작용)
3	어머니-영아 상호작용 활동	15분	·개별활동을 위한 대형으로 앉기와 리듬언어로 영아 이름을 말하며 인사하기 ·교사가 상호작용활동 설명하기 ·교사가 영아와의 상호작용활동 시연하기 ·어머니와 영아 상호작용 활동하기
4	정리하기	5분	·상호작용 교구 정리 ·매회 반복되는 음악으로 동작활동과 교구를 이용한 인사나누기 ·가정에서 반복할 활동 설명하기

3. 치료자-부모 중심 접근: 부모상담과 교육

부모가 심리적인 이유로 자녀와 관계 맺는 것이 어렵다고 느껴지고 아이가 필요로 하는 보살핌과 적절한 양육을 할 수 없다면 부모상담을 통해 도움을 받아볼 것을 권한다. 여기에는 부모 자신이 알지 못하는 자신과 자신의 부모와의 관계 속에서 만들어진 마음상태가 부정적으로 작용하여 자신의 아이를 대할 때 걸림돌로 가로막는 경우가 흔하기 때문이다.

이 세상에 좋은 부모가 되길 바라지 않는 부모는 없을 것이다. 그럼에도 불구하고 자녀에게 원하지 않는 말과 행동을 불쑥 하게 되고 내 자식임에도 왠지 싫고 이해가 안 되어서 하나하나의 행동에 화가 나고 막상 화를 내고 나서는 돌아서서 후회하는 일이 다반사가 되기도 한다. 다시 마음을 먹고 잘 지내려 노력해도 잘 되지 않고 부모 자신도 알지 못하는 그 무언가가 아이를 압박하고 내몰고 밀어내고 있다.

시간이 얼마 지나지 않아서 또다시 되풀이하고 있는 자신을 발견할 때면

🐥 요람의 유령들

"내가 겪은 잔인하고 슬픈 역사가 내 자식에게 되풀이되길 바라진 않았어!!"

「요람의 유령들(Ghosts in the nursery)」은 1975년 미국 소아정신의학 저널에 실렸던 한 논문의 제목이다. 이 논문에서 말하는 유령은 어른들(지금은 부모가 된 사람들)이 아동기 때 경험한 고통, 예를 들어 애착관계의 단절 혹은 불안전한 애착, 애착관계의 손상으로 인한 고통을 가리킨다. 이런 고통은 의식에서 제거되어 현재는 생각나지 않는다. 그러나 이러한 고통을 억누르고 있는 방어는 자녀를 대하는 부모의 행동에 부정적인 영향을 준다. 다시 부모의 부적절한 행동은 자녀의 성격발달에 영향을 준다.

괴롭고 부모로서의 자격을 의심하며 자책하게 된다.

앞서 말한 경우에 해당된다면 별도의 부모상담 시간을 상담자와 갖거나 아동상담과 부모상담을 병행하는 것이 도움이 된다. 다음의 내용은 애착에 어려움이 있는 아동의 부모를 상담할 때 활용할 수 있는 방법이다. 제시한 방식이 애착문제 부모상담의 전부는 아니지만 핵심적으로 다루는 부분이므로 치료계획을 앞둔 치료자들은 더 다양하고 포괄적인 내용을 보완하여 적용하길 바란다.

1) 성인애착면접(Adult Attachment Interview: AAI) 유형과 아동의 애착 안정성

성인애착면접은 부모들의 상실과 거절, 분리를 포함한 그들의 부모와의 관계를 회상해보도록 하는 면접도구로써 성인의 애착체계를 자극한다. 성인애착면접은 애착과 관련된 기억에 주의를 기울이도록 하는 질문들로 이루어져 있다.

부모는 치료자와 함께 그들의 어린 시절 부모와의 경험과 기억을 떠올리고 자신이 맺은 애착이 어떠한가를 되돌아보며 또한 자녀를 키울 때 어떻게 영향을 주고 있는지를 살펴보게 된다.

성인애착면접시 상담자는 부모의 여러 측면 가운데 직접 말할 수 없는 측면, 즉 담화방식을 통해 암묵적으로 보여주는 것을 파악하는 것이 중요한데 담화의 네 가지 측면으로 질, 양, 관련성, 방식에 관심을 가져야 한다.

성인애착면접 질문지(요약본)

1. 우선 당신 가족에 대해 대략적으로 알 수 있도록 도와주실 수 있을까요? 예를 들어, 당신의 직계가족에는 누가 누가 있었고 어디에 살았는지 말씀해주시겠어요?
2. 이제 어렸을 적 당신과 부모님의 관계가 어땠는지 말씀해주시면 좋겠습니다. 기억할 수 있는 한 가장 어렸을 때부터 시작해주세요.
3~4. 어린 시절 어머니/아버지 각각과의 관계를 나타내주는 5개의 형용사나 문구를 말씀해주시겠습니까? 말씀해주시는 대로 제가 받아 적겠습니다. 5개를 다 말씀하시면 각각의 표현을 선택하게끔 한 기억이나 경험을 말씀해주시면 좋겠습니다.
5. 부모님 중 어느 분과 더 가깝다고 느꼈는지, 그리고 그렇게 느낀 이유는 무엇입니까?
6. 어렸을 때 언제 기분이 나빴고 그런 때 당신은 어떻게 했으며 그런 행동을 하면 무슨 일이 일어났습니까? 기분이 나빴던 구체적인 사건 몇 가지를 이야기해주실 수 있나요? 몸을 다쳤거나 아팠습니까?
7. 부모님과 처음 떨어졌던 일을 말해주시겠습니까?
8. 어렸을 때 거절당했다고 느낀 적이 있었습니까? 그때 당신은 어떻게 했으며 그 당시 부모님은 당신을 거절하고 있다는 것을 알고 있었다고 생각합니까?
9. 부모님이 훈육하려는 목적으로나 혹은 농담조로 당신을 위협한 적이 있었나요?
10. 당신의 전반적인 초기 경험이 성인이 된 당신의 성격에 어떤 영향을 미쳤다고 생각합니까? 당신의 발달에 방해가 되었다고 생각되는 어떤 측면들이 있나요?
11. 당신의 어린 시절에 부모님은 왜 그렇게 행동했다고 생각합니까?
12. 어렸을 때 부모님처럼 당신과 가깝게 지낸 다른 어른이 있었습니까?
13. 어렸을 때 혹은 성인이 되어서 부모님이나 다른 가까운 사람을 잃은 적이 있었습니까?
14. 어린 시절과 성인기 사이에 부모님과의 관계에 많은 변화가 있었습니까?
15. 현재 부모님과의 관계는 당신에게 어떻게 느껴집니까?

* 참고 : George, Kaplan, Main(1996)에서 발췌한 성인애착면접 질문지의 요약본임

'질'이란 진실성의 문제로, 성인이 말하는 것에 대한 증거를 갖고 있는가 또는 그의 주장이 나중에 말하는 것에 의해 지지되지 않거나 모순되는가를 살펴본다.

'양'에 관해서는 성인의 담화가 간결하지만 완전할 수 있는가를 평가한다. 그들의 답변이 오리무중이거나 지엽적이고 상세한 설명에 파묻힌다는 느낌을 받는지 살펴본다.

'관련성'은 주어진 주제와의 관련성을 유지할 수 있는지를 보는 것이고, '방식'은 분명하고 정연한 방식으로 의사소통할 수 있는지를 본다. 성인 애착면접을 통해 성인은 안정형, 무시형, 집착형, 미해결형으로 나누어볼 수 있다.

일반적으로 '안정형 성인'은 담화에서 관련성과 분명함을 유지하면서 진실하고 간결하게 이야기할 수 있다. 이와 달리 '무시형 성인'은 일관성을 유지하고 협력하는 데 어려움을 보이고 진실하게 이야기하는 것이 힘든 일이며 주장하는 바와 모순되게 말할 뿐만 아니라 애착경험에 대해서 자주 기억이 나지 않는다고 설명한다.

'집착형 성인'의 의사소통은 진실하지만 간결하고 관련성 있게 분명히 말하지 못한다. 강렬한 괴로운 느낌 때문에 자주 본론에서 벗어나고 모호하며 따라가기가 힘들고 상담자가 질문한 주제에 머물기가 어렵다. '미해결형 성인'의 담화는 애착이나 외상, 상실의 주제를 다룰 때 공간과 시간 및 인과 관계에 대한 평상시 추론에서 일시적으로 이탈할 수 있다.

이상의 성인부모의 애착에 관한 마음상태와 낯선 상황에서의 유아의 행동 간에는 다음과 같은 세대 간 상관관계가 있다고 한다.

표 10 성인애착면접 유형과 이에 상응하는 유아의 낯선 상황 행동 패턴

애착에 대한 성인의 마음 상태	낯선 상황에서 유아가 보여준 행동
안정된/자율적인(F) 일관되고 협력적인 담화. 애착을 중시하지만 특정한 사건이나 관계에 대해서는 객관적임. 애착과 관련된 경험을 묘사하고 평가할 때 그 경험이 긍정적이든 부정적이든 간에 일관성이 있음.	안정된(B) 부모와 분리되기 전에는 방과 장난감에 관심을 보이며 탐색함. 분리 에피소드 동안 부모를 보고 싶어 하는 기색을 보이고 종종 두 번째 분리될 때는 울기도 함. 낯선 사람보다 부모를 확실히 더 좋아함. 재회 에피소드 때 부모를 적극적으로 맞이하며 보통 신체적 접촉을 먼저 함.
무시하는(Ds) 일관되지 않음. 애착관련 경험과 관계를 무시함. 회상되는 사건들에 의해 뒷받침되지 않거나 그것과 명백히 상충되는, 과거사에 대해 일반화된 표현들로 경험을 정상적인 것으로 묘사함.	회피적인(A) 부모와 분리되어도 울지 않음. 재회 시 일부러 부모를 피하고 못 본 척함. 부모에게 가까이 가려거나 접촉하려는 행동이 거의 없거나 전혀 없고 힘들어하지 않으며 화내지 않음. 부모에게 감정 없이 반응하는 것처럼 보임.
집착하는(E) 일관되지 않음. 과거의 애착관계/경험에 대해 집착하고 있거나 혹은 그것에 마음이 빼앗겨 말하는 동안 화가 나 있거나 수동적이거나 두려워하는 것처럼 보임.	저항하거나 양가적인(C) 부모와 분리되기 전부터 경계하거나 힘들어할 수 있으며 주변 탐색도 거의 하지 않음. 실험기간 내내 부모에게 집착함. 부모와 재회 시 진정되지 않고 부모에게 위안받지 못하며 대체로 계속해서 부모에게 집중하고 우는 행동을 보임. 재회 후 놀이를 재개하지 않음.
미해결된/혼란스러운(U) 상실이나 학대에 대해 이야기를 하는 동안 추론이나 담화가 자기 모니터링에 있어 현저하게 혼란을 보임. 예를 들어 죽은 사람이 아직 실제로 살아 있다거나 혹은 어린 시절 자신이 가졌던 생각 때문에 이 사람이 죽었다는 믿음을 잠시 언급함. 오랜 침묵이나 찬사 일색의 이야기에 빠져들 수 있음.	혼란스러운/방향을 잃은(D) 이 유형의 유아는 부모와 함께 있을 때 혼란스러워하고 그리고/또는 어리둥절해하는 행동을 보이는데, 이것은 행동전략의 일시적인 붕괴를 시사함.

출처: Hesse(1999)에서 인용함.

2) 애착패턴의 대물림 악순환 고리 끊기

애착은 세대 간에 전이된다. 애착패턴은 세대 간에 걸쳐 지속되는 강한 경향이 있는데 안정형 유아들은 자라서 안정된 성인이 되었고 이들은 부모가 되어 다시 자녀를 안정형으로 키운다. 3세대에 걸친 애착의 운명을 탐구한 한 연구에서는 할머니들의 애착유형이 성인이 된 그들의 딸뿐만 아니라 그 딸의 자녀의 애착유형과도 일치하는 경향이 나타났다(Benoit, Parker & Hesse, 1999. 재인용). 이러한 점에서 어머니가 형성한 안정애착은 매우 중요하다고 할 수 있다.

애착패턴의 대물림의 악순환 고리를 끊기 위해 해야 할 것은 바로 부모의 어린 시절에 만들어진 애착에 관한 내적 작동모델을 수정하는 것이다. 이것은 치료에서 아동뿐만 아니라 가족을 치료하는 것으로 두 가지 과정을 거쳐 가능하다.

첫째, 부모에게 안전기지를 제공하여 신뢰할 줄 모르는 부모로 하여금 신뢰감을 심어주는 것이다.

둘째, 고통스럽고 괴로웠던 부모의 어린 시절을 회상하도록 돕고 기억을 되살리는 것으로 이들이 어린 시절에 겪었던 남모를 고통과 두려움, 불안과 상실의 상처를 털어내도록 한다.

이러한 감정을 쏟아내고 치료자가 진실로 수용해줄 때 비로소 변화가 시작되고 더 이상 그러한 기억들을 두려워할 필요가 없어진다. 이러한 과정을 거치게 되면 부모 스스로 고통을 통제할 수 있고 고통으로부터 자유로워질 수 있게 된다. 또한 자신이 아동기 때 그처럼 무서워했던 부모와 똑같이 자녀를 대하고 있음을 통찰하게 된다.

이상의 변화를 가져오는 것은 상담자와의 새로운 애착관계로서, 이런 애착관계가 안전기지를 제공하여 그동안 스스로 느껴서는 안 된다고 여기는 것을 알아보는 모험을 할 수 있게 한다. 그리고 상담자는 부모가 가진 과거의 애착패턴을 해체하고 새로운 애착패턴을 구성할 수 있도록 돕는다.

닮은꼴 부자의 모습

부모가 계속해서 아이의 고통스러운 마음을 담아내지 못하면 부모의 불안정은 아이에게 유사하게 유산으로 물려주게 된다. 그러나 부모가 성찰 능력이 많은 경우에는 자녀를 자신과 같이 불안정 유형으로 키우는 악순환을 깰 수 있다.

🐤 '어느 부모님의 성찰' 에서

… 자식을 키우는 부모는 누구나 도인이 되어야 한다. 어떤 사람은 깊은 산 속에 들어앉아 머리 깎고 조용히 앉아 있어야 도를 닦는다고 생각하는 모양이지만 천만의 말씀이다. 부모 된 자는 원하든 원하지 않든 도를 닦을 수밖에 없다. 아이가 가진 힘을 믿고 아이 자체를 하나의 인격체로 존중하려면 부모가 먼저 자기 스스로를 믿고 인정해야 한다. 이지러지고 찌그러진 내 안의 미운 점들을 어루만지면서 스스로를 치유해야 아이를 편하게 키울 수 있다. 그렇지 않으면 부모는 자신의 상처와 허물을 고스란히 아이에게 덧씌우게 되어 있다. 부모와 자식이 맞물려 돌아가는 이 이치에는 한 치의 틈도 없다. 그러니 아이를 믿고 참고 기다리기 힘들다면 자신의 내면부터 들여다보라. 내 안의 무엇이 나 자신을, 그리고 아이를 다그치고 몰아대는지를 성찰하면 거기에 해답이 있다. (이하 생략)

PART 04

건강한 애착발달과
문제에 대한 대처

1. 애착형성을 위한 핵심 기억하기

0~3세까지는 시기적으로 애착형성의 결정적 시기이다. 아이의 안정애착 형성은 이 시기에 양육자가 어떻게 하느냐에 달려 있다. 아래에서는 안정 애착형성을 위해 필요한 핵심적인 내용과 방법을 소개하였다.

1) 엄마의 심신 건강이 첫단추

아이와의 건강한 애착을 형성하기 위한 첫 번째 단추는 엄마의 심신이 건강한가이다. 몸이 아픈 엄마, 우울한 엄마, 불안한 엄마, 자기애적인 엄마, 충동적인 엄마, 화가 차 있는 엄마 등 건강하고 행복하지 않은 엄마는 아이와 온전히 사랑에 빠질 수가 없다.

불행감에 빠져 있거나 감정기복이 심하며, 우울한 엄마의 아이들은 엄마의 행동을 예측할 수가 없다. 이러한 예측불허 엄마의 무드와 행동은 아동의 행동도 종잡을 수 없게 한다. 엄마가 언제 폭발할지 모르기 때문에 아이는 엄마에게 애정에 대한 욕구와 공포심을 동시에 가지게 된다.

아이 양육에 특별히 어려움을 경험하고 있다면 한 개인으로서 자신의 어려움을 인정하고 주변의 도움을 받아보길 권한다. 상담이나 심리치료를 받으며 과거 자신의 어린 시절과 부모자녀관계, 그리고 현재 부부관계와 부모자녀관계를 객관적으로 살펴볼 필요가 있다. 이를 통해 미해결된 문제의 고리를 풀어나가는 것이 아이와의 안정된 애착형성의 초석을 다지는 일이 된다.

그뿐만 아니라 건강한 심신을 가진 엄마일지라도 좋은 양육자로서의 자기관리를 위해 노력하고 컨디션을 유지할 필요가 있다. 삶이 행복하지 않은 엄마에게 아이를 잘 키우기 위한 이것저것을 요구하는 것은 엄마에게 또 하나의 짐을 지우는 것이다. 엄마가 행복하지 않고는 애착의 질은 장담할 수 없다. 엄마의 행복지수! 건강한 애착형성을 위한 첫단추이다.

2) 3세까지 엄마와 어떻게 보내는지가 관건

아이가 태어난 후 3년까지, 양육자는 아이와의 애착형성에 총력을 기울여야 한다. 이 시기에 성공적인 애착형성을 이루었다면 이후의 발달 여정은 매우 순탄하다. 아이는 엄마와의 관계를 통해 세상에 대한 믿음을 배우게 된다. 즉, 따뜻하고 애정적인 양육자와의 관계경험은 성장 후 모든 친밀한 대인관계의 모델이 된다. 생애 초기에 경험한 양육자와의 관계 패턴은 성인기 대인관계 패턴을 형성하는 데 결정적인 역할을 한다.

배가 고프면 먹여주고, 기저귀가 축축하면 갈아주고, 잠이 올 때는 콧노래를 흥얼거리며 따뜻한 품속에서 편히 잠들게 해준 사람, 웃으며 다가가면 그 기분

그대로 사랑스럽게 안아주고, 넘어져 아플 때 몸과 마음으로 아픔을 달래주는 사람… 그 사람을 통해 아이는 세상을 참 믿을만한 곳이라 생각하고 자라면서 만나게 되는 사람들에 대해서도 믿음을 바탕으로 관계를 형성하게 된다. 그리고 아이는 낯선 사람이나 환경, 세상에 대해 그건 쌓아둔 믿음을 바탕으로 탐색하고 호기심을 추구하는 행동을 하게 된다.

3세까지 정상적이고 건강한 애착을 형성한 아이들은 3세 말이 되면서 양육자에 대한 애착의 강도가 약해지고 또래관계에 대한 관심으로 옮겨간다. 이때 아이 애착의 발달적 흐름을 잘 감지하여 또래관계에서 아이가 추구하고자 하는 것을 지지하고 촉진해 줄 필요가 있다.

3) 양육자 교체는 안정애착 발달을 저해

피치 못할 사정이 아니라면 3세 이전에 아이를 돌보는 사람을 교체하는 것은 피하는 것이 좋다. 만약 바꾸어야 한다면 되도록 낯가림 이전에 하여 아이에게 인식된 친숙한 대상을 상실하는 경험을 주지 않도록 한다. 낯가림 이후에 부득이하게 교체해야 할 때는 처음에 새로운 양육자와 주양육자가 함께 돌보며 점진적으로 시간을 늘려가는 방법을 이용한다. 갑작스러운 양육자의 교체는 이 시기 아이에게 또 한 번 세상이 바뀌는 힘든 경험이 된다는 것을 기억해야 한다.

4) 애착형성 시기가 늦어지더라도 그 과정을 '경험하는 것'이 중요

만 3세가 지났더라도 아이의 행동에서 안정적인 애착형성이 되지 않은 특성을 발견하게 되면, 그 때가 마지막 기회라 생각하고 다시 시작하는 것이 좋다. 늦었다고 생각할 때가 가장 빠르다는 말은 애착형성에서도 매우 중요하다. 비록 적절한 애착형성 시기는 지났지만 애착형성 기간이 좀 늦게 연장되었다고 생각하고 최선을 다하는 것이 마지막 기회를 놓치지 않는 것이다.

5) 양육자와의 상호작용의 양과 질 관리하기

엄마가 하루 종일 아이와 함께 한다고 하여 모든 아이들이 안정애착을 형성하게 되는 것은 아니다. 마찬가지로 일을 하는 엄마의 모든 아이들이 불안정애착을 형성하는 것도 아니다. 많은 연구자들은 애착형성을 위한 아이와의 상호작용의 질과 양에 대해 논쟁해왔다. 결론부터 말하자면 양보다는 질이지만 어느 정도의 양이 전제되었을 때 질도 효과를 발휘한다는 것이다. 직장을 다니는 엄마의 경우, 아침에 헤어지고 저녁에 잠시 만나는 것이 상호작용의 전부인 경우가 있다. 아이와 질적인 상호작용을 하고도 애착에 어려움이 있다면 기본적인 양의 상호작용이 이루어지지 않은 것으로 추측해볼 수 있다. 애착형성에는 상호작용의 양보다는 질이 중요하지만 어느 정도의 양이 전제가 되어야 한다. 한 달에 한 번 아이를 만나면서 아이가 엄마에게 오지 않는다거나, 밤에 할머니와 자려는 것에 대해 의아해할 필요가 없다. 아이는 엄마에 대한 기본적인 관계욕구가 충족되지 않았고 반복적인 욕구좌절로 더 이상의 관계 욕구를 가지지 않게 된 것이다. 하루 종일 아이와 함께하지 못하더라도 되도록 아이와 상호작용시간을 늘리는 것이 필요하다. 아이가 3세 이전에는 엄마가 일을 그만두지는 않더라도 중요한 일에 기준을 두고 일의 양을 줄이는 것도 일과 양육을 병행하는 현명한 방법이다.

6) 아이의 구조요청 신호에 즉각 응답하기

아이가 엄마에게 유독 매달리거나 짜증을 부리고 떼를 쓸 때가 있다. 특히 직장을 다니는 엄마와 유독 떨어지기 힘들어하는 때가 있다. 이때는 아이가 그 어떤 것(신체적인 질병, 정신적인 충격, 스트레스, 불만족감, 불충분함, 불안, 우울 등)으로부터 힘들어하고 엄마의 더 많은 사랑과 도움이 필요하다는 신호를 보내는 것이다. 아이의 괴로움을 엄마가 몰라주고 있거나 엄마와 함께하는 절대적인 시간이 부족할 때, 외부로부터 받는 스트레스를 완충해줄 엄마가 제 역할을 못하고 있을 때, 아이는 엄마가 관심을 줄 만한 행동으로 의사전달을 하게 된다. 이럴 때 엄마들은 생활을 조율하고 아이의 욕구와 정서를 잘 살펴 놀아주는 시간을 늘리고, 더 많은 애정표현을 하며, 아이의 신호에 반응하는 것이 필요하다. 직장을 다니는 엄마라면 휴가를 내거나 일을 줄이며 일찍 퇴근하여 아이와 함께하는 시간을 늘리는 것이 필요하다.

7) 엄마의 지식, 기술, 태도 정비하기

양육자의 애착형성행동을 연구한 Mitchell(1996)은 애착에 대한 지식과 기술, 태도가 잘 형성된 기관의 교사가 영아들과 안정애착을 형성하였다고 보고하였다. 이는 어머니를 포함한 아동의 양육자들이 애착의 의미나, 조건, 기술 등에 대해 숙지하고 아이들을 돌보면 안정적인 애착형성을 더 잘할 확률이 높다는 것을 간접적으로 보여준다. 아래의 내용은 애착형성을 위한 결정적 시기인 영아기에 필요한 지식과 기술 그리고 태도에 대한 내용이다.

(1) 신체적으로 잘 돌보기

물리적 환경이 비위생적이거나 아이의 아픈 상처를 방치 또는 혼자 남겨두기, 기저귀를 제때 갈아주지 않는 것 등의 양육행동은 영아가 신체적으로 보살핌을 못 받는다고 느끼도록 한다. 충분하고 적절하지 못한 물리적 양육 환경도 영아의 애착형성에 부정적 영향을 미치기 때문에 안정적인 애착형성을 어렵게 한다.

(2) 엄마와의 놀이는 세상으로 나아가는 징검다리

출생 초기에는 먹이고, 재우고, 씻기는 것과 같은 일련의 단순한 활동에 영아는 반응하고 만족감을 느낀다. 그러나 만 1세 즈음하여 영아는 보다 다양하고 구체적인 상호작용을 통해 애착형성에 필요한 활동을 추구한다. 필요한 것을 달라는 시늉, 손을 잡고 끌고 가는 행동, 춤을 추거나 박수를 치거나 한 단어 표현이나 손짓에 대한 부모의 반응 등으로 애착이 구조화되어

간다. 양육자에게 달라붙고 서로 안는 행동 등 보다 적극적인 행동으로 애착형성을 시도하게 된다. 이 시기가 지나면서 아이와 양육자는 보다 적극적인 방법으로 놀이활동과 개입을 시도한다. 즐겁고 행복한 놀이경험은 영아가 어머니와의 관계에 집착하는 애착행동을 감소시키고 주위환경이나 새로운 것, 낯선 환경에 대한 탐색으로 관심을 옮기면서 건강하게 발달해가도록 돕는다. 이때 아이와의 충분한 애착을 경험한 양육자도 세상으로 향하는 아이의 출발에 믿음을 가지고 기꺼이 돕고 지지하게 된다.

Tip 부모와 함께하는 애착형성에 좋은 놀이들

· 손, 발 또는 신체의 윤곽선 그리기

아이의 몸, 발, 손의 윤곽선을 종이 위에 그린다. 그림을 그릴 수 있다면 아이에게 나이에 따라 자신의 손톱과 같은 자세한 부분을 그리게 할 수도 있다. 실제 손과 손의 윤곽을 비교함으로써 아동은 자신의 신체에 대해 잘 인식할 수 있게 된다.

· 풍선 쳐올리기

에너지를 적절히 분출하도록 돕는 놀이. 바닥에 풍선이 닿지 않게 유지하는 것으로 아이가 성공한다면, 다른 풍선을 더 추가할 수도 있다. 이 놀이는 모든 사람이 사방으로 움직일 수 있게 해주기 때문에 신체의 긴장감을 풀어주는 이완 효과를 볼 수 있다.

(3) 양육의 3대 조건 실천하기

미국의 몇 명 아동발달심리전문가들이 심리적으로 건강하게 잘 자란 아이들을 추적조사한 결과 그 아이들부모의 공통점을 발견하였다고 한다. 그들은 모두 아이의 욕구와 행동을 민감하게 느낄 수 있고, 그에 대해 반응적이었으며, 그러한 민감함과 반응성이 일괄성을 유지하였다는 것이었다. 이는 아이와의 애착형성에 핵심적인 근건을 발견한 것과 다름이 없다. 영아는 부모가 자신의 욕구를 민감하게 알아차려 주고 반응해주며, 늘 같은 모습으로 양육해주었을 최상의 믿음을 형성할 수 있게 된다.

표 11 양육의 3대 조건 실천하기

3대 조건	의미	효과	행동 예
민감성	· 영아의 신호를 해석하여 적절한 응답을 주는 것 · 느낌, 생각, 요구를 잘 이해하는 것	· 어머니의 민감한 양육행동은 아이에게 신뢰를 주어 새로운 환경에서도 자유롭게 놀이하고 주변 환경을 탐색할 수 있도록 한다. · 엄마가 자신을 지켜준다는 믿음이 있기 때문에 아이는 낯선 곳에서도 엄마만 있으면 즐겁게 놀이할 수 있다. · 슬프고 괴로운 일이 생기더라도 쉽게 정서적 안정을 찾을 수 있다. · 새로운 환경에서 두려움보다는 어머니를 안전기지로 호기심을 발휘하여 낯선 세상과 잘 친숙해진다.	· 낯선 상황에 대한 두려운 마음을 읽어주고 함께 접근하기 · 아이가 무엇인가를 요구해올 때 원하는 것이 무엇인지를 알아차리기 · 아이의 울음이나 웃음, 옹알이 등에 민감하게 반응하기 · 아이의 울음이 어떤 의미인지 알아차리기 · 아이를 편하게 돌봐주기

반응성	·아이의 요구에 신뢰감을 주며 신속하게 반응하는 것	·욕구충족을 통한 정서적 안도감 ·세상에 대한 지배감과 통제감 ·환경에 영향을 주는 결과 경험을 통해 세상에 대한 능동적 태도 ·욕구관철을 통한 표현력 증가 ·자신감 형성	·아이가 울 때 달려가기 ·배고플 때 충족감 주기 ·엄마에게 달려오면 번쩍 안아주기 ·눈을 마주치고 싶어 하면 따뜻한 눈길로 바라보기 ·아이의 다양한 정서에 적절한 반응해주기
일관성	·양육자의 기분에 따라 양육의 질이 달라지지 않고 항상성이 유지되는 것	·어머니의 행동을 예측할 수 있으므로 자신의 행동을 조절하는 법을 익히게 된다. ·불필요하게 떼를 쓰거나 매달리며 자신의 욕구를 관철하려는 행동을 하지 않는다. ·되고 안 되는 일에 대해 분별할 수 있는 의식과 행동을 익힌다. ·일상생활에서 원하는 것과 그럴 수 없는 것에 대한 만족감이 높다.	·어머니의 기분에 좌우되지 않고 아이를 늘 같은 방법으로 대한다. ·양육에 있어 엄마 나름의 규칙을 세우고 지킨다. ·되는 것과 안 되는 것에 대해 명확히 규정하고 실천한다.

(4) 애정표현은 듬뿍! 확실하게!

① 말로 하는 애정표현.

'사랑해! 사랑하는 우리 딸, 사랑하는 우리 아들, 네가 최고야. 정말 잘 해냈구나', 아이들에게 부모의 사랑을 전해주는 말은 '사랑해' 한마디만 있는 것이 아니다. 아이가 듣고 부모의 사랑을 느낄 수 있는 다양한 표현을 자주 하는 것이 좋다. '미안해', '고마워'와 같은 아이가 존중받는 말들, '넌 잘할 수 있어', '난 너를 믿는다', '열심히 노력했구나', '이전보다 많이 좋아졌네' 등 격려 받고 지지받는 말들은 아이와의 애착형성에 큰 자원이 된다.

② 몸으로 하는 애정표현

아이와의 신체적 접촉은 건강한 애착발달의 핵심이다. 그러나 엄마나 아이나 의무적으로 잠자리에 들기 전이나 헤어지는 시간에 안거나 뽀뽀를 하는 것으로는 불충분하다. 하루에도 몇 번씩 아이에게 사랑하는 마음을 '여러 가지 방법으로' '보다 적극적으로 전해주는 것'이 애착형성에 효과가 크다. 귀여운 볼에 뽀뽀를 하거나, 무엇인가 잘한 일 뒤에는 머리를 쓸어주기도 하고, 슬프거나 힘든 일이 있을 때는 상처를 보듬듯 살포시 안으며 등을 쓸어 주기도 하며, 기쁜 마음, 보고 싶었던 마음, 행복한 마음, 자랑스러운 마음 등을 여러 방법으로 확실하게 표현하는 것이 좋다. 안거나 입맞춤하는 것 이외에도 귓속말하기, 간지럼 태우기, 이마 비비기, 코 비비기, 무릎에 앉혀 노래 불러주기, 등에 업어주기, 가슴에 붙여 안기 등 아이들이 양육자의 체온을 느끼며 사랑을 쌓을 수 있는 방법은 무궁무진하다.

2. 애착문제의 연령별·상황별 대처

1) 영아기

(1) 낯가림이 심한 아이

낯가림 시 부모의 행동요령

첫째, 아이가 낯가림이 심한 경우 낯가리는 행동 자체를 문제시하지 말고 충분히 애정으로 감싸며 아이의 불안행동을 수용해주고 지지해주어야 한다.

둘째, 낯선 사람을 만났을 때 아이가 놀라거나 울고, 엄마에게 매달린다면 그 자리에서는 아이가 안심하도록 충분히 받아주는 게 좋다.

셋째, 아이를 억지로 엄마로부터 떼어낸다거나, 엄마가 의도적으로 낯선 사람에게 강제로 맡기는 식의 행동은 오히려 아이를 더 불안하게 하기 때문에 낯가림을 극복하는 데 장애가 된다.

넷째, 이 시기의 아이들은 어머니를 가장 친숙하고 안정적인 대상으로 기억하므로 어머니들은 되도록 요란한 머리모양이나 의상, 안경 등으로 바꾸지 않는 것이 좋다.

다섯째, 생후 초기부터 아이가 소화할 수 있을 정도로 외부세계와 접촉 경험을 쌓는다.

여섯째, 낯선 이와의 접촉을 강요하지 않는다.

일곱째, 다른 사람의 집으로 만나러 가기도 하고, 영아의 집으로 초대하기도 하며 새로운 사람이나 환경과 점진적으로 친해질 수 있도록 한다.

여덟째, 새로운 사람을 만나기 전에 누구를 만나게 될지를 아이가 이해하는 수준내에서 알려주어 마음의 준비를 하게 해준다.

마지막으로 낯가림하는 영아를 만나는 사람도 처음부터 너무 크게 말하거나, 만나자마자 바로 가까이 다가가거나, 바로 눈맞춤이나 신체접촉을 시도하는 등 아이가 불안감을 느낄 수 있는 자극은 피해야 한다.

(2) 낯가림을 하지 않는 아이

낯가림을 하지 않는 아이는 대가족에서 자라 일찍부터 여러 사람들로부터 긍정적 경험을 하였던 것이 바탕이 되어 사람에 대한 신뢰가 높았을 경우이다.

이런 경우는 낯가림 시기를 별 무리 없이 지나가기도 한다. 그러나 그 밖의 경우는 유의하여 살펴보아야 한다. 먼저 아이가 낯가림의 시기에 전혀 낯가림을 하지 않는다면 아기가 보살핌을 적극적으로 받지 못해 양육자와 애착이 생기지 않았기 때문에 낯가림이 나타나지 않을 수 있다. 또, 눈 마주침이 어렵고 낯선 사람에 대해 큰 반응을 하지 않으며, 엄마와 떨어져도 불안해하지 않는 등의 행동을 한다면 발달적 문제나 애착문제에 대해 의심해봐야 한다.

(3) 분리불안이 심한 아이

이 시기의 영아들에게 분리불안은 정상적인 것이다. 그러나 아이의 분리불안행동을 자극하지 않으면서 향후 발전될 수 있는 병리적인 분리불안장애를 예방하기 위한 양육행동을 적절히 취할 필요가 있다. 부모로부터 떨어져 있는 경험은 아이가 이후 발달과정에 반드시 필요한 과정이다. 아래의 원칙을 지키면 분리불안 아이가 부모와 분리되는 것을 이겨낼 수 있도록 도울 것이다.

Tip

평소에 분리 연습하기

· 놀이를 통해 분리를 재밌고 안정적으로 경험해보도록 한다(까꿍놀이, 물건 숨기고 찾기 놀이, 숨바꼭질 등).
· 어릴 때부터 짧은 시간이지만 분리경험 시도를 해본다.

· 점진적 분리 방법을 취한다(집안에서 분리>엄마의 외출로 분리).
· 아이와의 특별 인사법으로 헤어짐과 만남을 기억하고 익히도록 한다(예: 파이팅, 진한 포옹과 뽀뽀, 아자아자 등)

분리 시 안전한 환경조성

· 아이의 컨디션이 좋을 때 헤어진다.
· 헤어지기 전에 엄마의 좋은 기분과 행동으로 안정감을 준다(분리전후 체벌이나 꾸중피하기).
· 아이가 좋아하는 사람이나 장소에 두고 헤어진다.
· 아이가 평소에 심리적으로 의지하는 것을 마련해준다(베개, 인형, 담요, 수건 등).

분리 전후 엄마의 행동요령

· 비록 나이가 어리더라도 반드시 엄마가 나간다는 것과 어디를 간다는 것, 언제 돌아오는지 알려준다. 엄마의 표정과 정성은 아이의 상황에 대한 이해를 도울 것이다.
· 분리불안행동을 꾸중하거나 벌주지 않는다.
· 분리감정이나 행동에 과잉반응하지 않는다.
· 분리상황을 철회하지 않는다(다음 분리상황이 더 힘들어진다).
· 다시 만났을 때 충분히 애정표현을 하여 어머니의 사랑을 확인하도록 한다.
· 성공적인 분리경험 이후 칭찬한다.

장기간 분리해야 할 상황에서의 대처

· 위에서 제시한 기본사항 지키기
· 익숙한 환경에서 돌봄을 받도록 하기
· 분리되었을 시 돌보게 될 사람과 친숙해지는 시간 가지기
· 엄마의 사진이나 물건을 언제든 만지고 볼 수 있도록 준비하기
· 일정시간에 전화하여 엄마의 존재를 확인시키고 안심시키기

(4) 대물 애착행동을 하는 아이

이 시기의 영아들이 인형이나 수건, 이불, 베개, 특정 장난감에 집착하는 행동을 보이는 것은 정상적인 발달과정에 속한다. 모든 아이가 다 그런 것은 아니지만 기질적으로 예민한 아이일수록 그럴 확률이 더 높다. 엄마의 품을 떠나 세상으로 나가면서 거치게 되는 과정으로 중간대상을 경험하게 된다. 대부분의 아이가 일시적으로 보이는 행동이기 때문에 기다려주어야 하고 억지로 뺏거나 못 놀게 하기보다는 함께 공유하는 방법이 더 적합하다.

또한 엄마와 분리되는 상황에서 아이가 위로를 얻을 수 있도록 도와주고 집에서 아이와 같이 이 물건을 이용해 놀이를 하는 방법도 있다. 인형에게 이불을 덮어주거나 장난감인 경우 놀이를 확장해주면서 즐거운 놀이 시간을 가진다.

아이가 그 대상과 단둘이 놀이하는 것보다 부모와 함께 놀이하는 것이 더 재미있다는 사실을 알도록 하는 것이다. 동시에 부모는 아이에게 더 많은 애정표현과 신체접촉을 하며 아이가 부모로부터 충분히 사랑받고 있다고 느끼도록 해준다. 부모와의 즐거운 상호작용이 지속되면 물건에 집착하는 행동이 자연스럽게 줄어든다. 더불어 새로운 사람과 관계를 맺는 것에 관심을 보이기 시작한다.

(5) 낯선 환경을 두려워하는 아이

아이가 낯선 상황에 대해 두려워할 때, 무섭지 않은 곳이라고 설득하거나 두려움에 위축된 아이의 행동을 비판해서는 안 된다. 아이가 두려워하는 곳에서 아이의 두려운 마음을 읽어주고 부드럽게 감싸 안으며 엄마와 함께

다가가본다. 엄마가 먼저 낯선 상황에 대한 내용을 읽으며 아이가 그 내용을 알아가도록 한다. '우와! 이건 우리 집에 있는 거랑 똑같다. 이건 초록색이네. 우리 것은 노랑색인데… 여기를 누르니 소리가 나네!'

엄마의 이러한 대처는 아이가 새로운 것에 대해 두려워하기보다 흥미와 호기심으로 다가가도록 하게 해준다.

(6) 아빠를 싫어하는 아이

아이가 아빠를 싫어한다면 먼저 그 원인을 살펴볼 필요가 있다. 보통 엄마와 지나치게 강하게 밀착되어 있는 경우, 아빠와의 관계에 어려움이 있는 경우가 있다.

엄마는 하루 종일 아이와 같이 있으면서 애정을 쌓고 그때 그때의 욕구 해결에도 중요한 역할을 한다. 그러나 아빠는 저녁시간에 잠시 와서 아이의 요구보다는 훈육에 더 에너지를 쏟고 아이에게 강하고 두려운 사람의 역할을 할 때도 있다. 그리고 엄마와 아빠의 사이가 좋지 않을 경우에도 아이는 아빠와 좋은 관계를 맺을 수가 없다. 그 밖에도 엄마에게 분리불안을 보일 때 아빠가 강제로 아이를 분리한다거나 윽박을 지르는 행동, 체벌하는 행동 등도 아이가 아빠를 싫어하게 되는 이유이다.

Tip

아빠와 아이사이를 위해 엄마가 할 일

· 아빠를 좋은 사람으로 느끼도록 엄마가 중간에서 노력할 필요가 있다. 부부가 아이 앞에서 애정표현을 하고 서로 마주보며 웃는 장면을 많이 연출해야 아이도 아빠를 엄마와 같이 좋은 사람으로 받아들이게 된다.

· 가족 안에서 좋은 아빠 역할과 자리를 만들어줄 필요가 있다. 꾸중하는 아빠와 무서운 아빠가 아니라 함께 목욕하거나 기저귀 갈아주기와 같은 아이를 직접 보살피는 시간을 통해 아빠가 자신을 보살펴주는 사람으로 인식하도록 돕는다.

아빠가 실천할 일

· 아빠와 아이가 즐거운 시간을 경험하도록 한다.

먼저 아빠가 아이를 안고 소파에 앉아 만화영화를 보는 것처럼 아이가 좋아할 만한 것을 위협적이지않은 수준에서 시도해본다.

· 엄마 같은 아빠가 된다.

아빠가 아이를 업어주고 안아주며 신체적 접촉을 많이 하는 경험, 콧노래를 흥얼거리며 아이를 목욕시키는 시간, 맛있는 이유식이나 밥을 천천히 먹여주며 즐거워하는 아빠의 모습은 아빠도 엄마처럼 자신을 돌봐주는 든든한 부모임을 알게 되는 좋은 기회가 된다.

· 아빠와 세상으로의 신기한 도전을 함께해 본다.

처음에 무등을 태우고 마당이나 아파트 근처를 돌며 높은 곳에서 보는 재미있는 세상을 아빠와 경험해본다. 시간이 지나면 집에서 벗어나 짧은 시간이지만 동네에서 산책하거나, 여러 가지 물건이 즐비한 시장이나 대형 슈퍼에 가보는 것도 좋은 경험이 된다.

(7) 엄마를 멀리하는 아이

　직장을 다니는 엄마들은 늘 시간에 쫓기고 피곤에 지쳐 아이들과 여유롭게 시간을 보내기가 어렵다. 할머니나 베이비시터가 아이들을 돌봐주는 경우, 아이들은 엄마보다는 늘 자신을 챙기고 자신의 욕구를 빨리 알아차려주는 그들에게 더 밀착하게 된다. 특히 아이들은 자신이 아프거나 도움이 필요할 때 엄마를 더 찾는데 그때마다 엄마가 옆에 없다면 애정의 방향을 돌릴 수밖에 없다. 엄마의 마음은 늘 아이에게 있지만 아이는 마음과 더불어 엄마의 몸도 원했던 것이다. 이때 아이는 어른의 세계를 잘 이해할 수 없으니 엄마로부터 거절당했다고 느끼게 된다. 이런 상황을 알아차렸다면, 지금부터 아이와 좋은 관계를 맺기 위해 엄마의 전략을 바꾸어야 한다.

　먼저 하루에 최소 30분이라도 아이와 단둘이 있는 행복한 놀이시간을 가진다. 온갖 걱정과 생각을 덮어두고, 핸드폰과 TV도 끄고, 다른 가족과 대화하지 않으면서 아이와의 놀이에 온전히 집중할 수 있는 시간을 가지는 것이 필요하다. 짧지만 아이에게 엄마와의 사랑을 질적으로 경험할 수 있는 시간이 된다. 그리고 아이가 아프거나 특별히 칭얼거릴 때는 아이를 위해 과감히 행동해야 한다. 휴가를 내거나 반일 근무를 하면서라도 아이 옆에 있어주거나, 주말 모임 약속을 취소하거나, 집안일을 일일도우미에게 맡겨서라도 아이와의 시간을 늘리는 것이 중요하다. 특히 0~3세 시기의 엄마는 아이와의 애착형성을 위해 삶을 재구조화하고 중요한 것이 무엇인지를 파악하고 선택해야 한다. 일을 그만둘 수 없다면 일의 양을 줄이거나 일을 시작하고 싶다면 조금 늦추는 방법을 선택하기를 권한다. 일할 수 있는 기회는 또 올지 모르지만 아이가 0~3세로 다시 돌아갈 수는 없다.

2) 유아기에 나타날 수 있는 있는 애착문제와 대처

(1) 분리불안

유아기의 분리불안은 영아기와 달리 유아와 엄마가 함께 극복할 수 있는 과제이다. 유치원을 가게 되거나 동생이 태어나거나 이사를 가는 등 환경의 변화가 왔을 때 하나의 퇴행행동으로 분리불안을 보일 수 있다. 일상생활에서 다음의 구체적 사항을 적용해보고 해결을 시도해볼 수 있다. 그러나 일상생활에 지장을 초래할 정도로 분리불안 증상이 심각하다면 심리치료를 받아볼 것을 권한다.

Tip

분리불안 정서 풀어주기

· 분리에 대한 아이의 마음을 적극적으로 경청한다(고개 끄덕이기, 소리로 맞장구 쳐주기, 얼굴 표정으로 대답하기 등).

· 불안을 느끼는 아이의 감정을 수용한다('엄마와 헤어질 때 정말 싫고 무섭구나.' '엄마와 떨어지는 것이 많이 걱정되는구나').

· 아이가 안심할 수 있도록 엄마의 마음도 적극적으로 알려준다('엄마도 너와 헤어져 있는 동안 네가 정말 보고 싶단다').

엄마의 행동요령

· 분리되는 시간을 미리 알려주고 마음의 준비를 하도록 한다.

· 아이에게 엄마가 가는 곳, 누구를 만나는지 구체적으로 설명해준다.

· 아이와 약속한 시간은 반드시 지킨다.

· 성공적인 분리 후에는 칭찬과 격려를 통해 성취감과 자신감을 얻도록 돕는다.

· 매체를 활용하여 부모와 헤어지는 아이의 감정을 동일시하고, 긍정적인 행동을 모방하고 극복하도록 한다(비디오, 동화책, 만화, 영화 등).

장기간 분리해야 할 상황에서의 대처

· 위에서 제시한 기본사항 지키기

· 미리 분리에 대해 설명하고 스티커나 달력으로 표시하며 마음의 준비를 시킨다.

· 아이의 불안한 마음에 대해 이야기하는 시간을 가진다.

· 익숙한 환경(좋아하는 할머니, 친구 집, 이모네 집 등)에서 지내도록 한다.

· 분리시 돌봐줄 사람과 친숙해지는 시간을 가진다.

· 장시간 분리된 기간 동안의 엄마가 있을 곳과 하는 일에 대해 알려준다.

· 스스로 연락할 수 있도록 전화번호나 전화기를 마련해준다.

· 헤어져 있는 동안 달력이나 일정표를 만들어 본다(첫째날, 할머니네에서 자기, 저녁에 엄마와 통화하기, 다음날 이모와 놀이공원 가기, 저녁에 엄마와 통화하기 등).

· 언제든 엄마와 자신의 일정을 보고 확인할 수 있는 수첩을 마련해준다.

· 헤어져 있는 동안 위로를 위해 필요한 물건을 함께 챙긴다.

· 엄마의 사진이나 물건을 준비해준다.

· 일정시간에 통화하며 엄마의 존재를 확인시키고 안심시킨다.

· 다시 만났을 때 아이가 어떻게 보냈는지 이야기를 들어준다.

· 엄마가 어떻게 보냈는지 사진을 보여주며 이야기한다.

(2) 대물 애착을 보이는 아이

영아기에 보이는 대물애착행동이 유아기에도 계속 나타날 수도 있다. 애착을 보이는 물건 없이는 잠을 못자거나 유치원을 가지 않겠다고 떼쓰거나 특정물건만 가지고 놀고 또래와의 놀이를 거부하는 행동으로 나타난다. 이러한 행동이 자주 반복되어 일상생활에서 문제를 일으키는 경우라면 애착문제를 보다 적극적으로 되짚어 볼 필요가 있다.

아이가 초등학교를 준비해야 하는 유아 후기까지 이러한 일상생활의 문제를 일으키는 정도가 심하다면 애착발달을 위한 처치가 필요하다. 시간이 더 늦어지기 전에 상담전문가를 찾아 애착발달을 진단받고 적절한 조치를 취할 것을 권한다.

(3) 과도한 매달리기

유아가 부모에게 과도하게 집착하고 매달릴 경우, 아이의 일상을 잘 살펴볼 필요가 있다. 자신도 모르는 어려움이 있기 때문에 부모에게 구조요청 신호를 보내고 있는지도 모른다. 의사소통이 부족한 유아들은 자신의 욕구를 잘 알고 적절하게 표현하기보다는 부모에게 매달리며 불편함을 호소해오기도 한다.

또는 부모가 시간적으로 바쁘거나, 극심한 스트레스에 시달리는 일이 있거나, 몸이 아파 아이를 제대로 돌보지 못해서 아이가 갑작스러운 애정철회를 경험하는 경우도 부모의 사랑을 확인하고자 과도하게 매달리기도 한다. 이런 아이의 퇴행행동을 책망하거나 꾸중하면 아이는 부모의 사랑에 대해 더 믿음이 떨어지고 불안하여 악순환이 거듭된다. 이럴 때 부모는 아이의 욕구를 잘 살피고 아이에게 더 충분히 애정표현을 하여 애정추구행동을 감소시켜야 한다. 원인을 해결하는 것이 행동을 변화시킬 수 있는 길이다.

(4) 등원거부

분리불안으로 인한 유아기 등원거부에 대한 대처는 마음맑음 시리즈 『등교거부 아이 달래기』 편을 참고하기 바란다.

3) 아동·청소년기에 나타나는 애착문제와 대처

(1) 아동·청소년기의 분리불안행동

학동기 아동이 부모와 떨어지는 것을 힘들어한다면, 정상적인 분리불안과 치료를 요하는 분리불안장애를 구분해야 한다. 정상적인 분리불안은 영아기에 많이 나타나고 안정애착형성이 늦어지는 경우 유아기에도 나타날 수 있다. 그러나 초등학교 이후 계속 그런 행동을 보인다면, 이는 치료를 요하는 상황으로 받아들여야 한다. 일시적으로 집안에 아이를 불안하게 하는 일이 발생하였거나 부부불화로 아이의 불안을 가중시킨 경우, 또는 아이에게 학교환경에서도 급격한 변화와 스트레스로 일시적 퇴행을 보이는 경우는 부모가 가정에서 적극적으로 대처하여 변화를 가져올 수도 있을 것이다. 그러나 학교에 가는 것과 학교에서 시행하는 단체생활, 극기훈련, 여행 등에 대해 불안해하고 지나친 공포와 두려움을 가진 아이라면 분리불안장애를 가졌다고 봐야 할 것이다. 이런 경우 단순히 아이 행동을 꾸중하거나 방치하기보다 적극적으로 해결하기 위한 조치를 취해야 한다. 아이가 내면의 힘을 키울 수 있도록 전문상담을 통해 도움을 주어야 한다. 더불어 가족에게 지나치게 밀착된 아이의 생활환경을 변화시키고, 또래관계와 학교생활을 잘 적응해 나가도록 하기 위한 부모교육과 상담을 병행하는 것이 좋다.

(2) 학교공포증(등교거부, 학교생활)

분리불안으로 인한 학교공포증, 등교거부행동에 대한 자료는 마음맑음 시리즈『등교거부 아이 달래기』편을 참고하길 바란다.

(3) 학습부진(동기와 집중력 문제)과 행동문제

학습부진을 보이는 아동들의 경우 부모와의 유대가 최초의 원인인 경우도 있다. 부모와의 유대가 불안정하여 정서적 안정감이 떨어지고, 이는 다시 주의집중력 문제나 낮은 학습동기로 연결될 가능성이 있기 때문이다. 또한 연령이 높은 아이들의 경우, 이성 친구에게 집착하거나 게임에 몰입하는 등의 행동으로도 애착문제의 예후를 보여주기도 한다. 간혹 청소년들 중에는 어린 시절 부모로부터 좌절되었던 애정욕구가 해결되지 않아 분노감정으로 쌓아두었다가 학업부진으로 부모를 속 타게 하는 식으로 고통을 돌려주고자 하는 아이들도 있다.

부모자녀관계가 안정적이고 탄탄하다면 아동은 부모에 대한 애정욕구에 집착하지 않고 세상 속 자신의 과업으로 관심을 돌리고 에너지를 쏟게 된다. 그러나 부모자녀관계에서 미해결된 욕구를 지닌 아동들은 연령이 증가하면서, 부모의 사랑을 대체할 대상을 찾고 몰입하여 그 애정욕구를 해결하려 할 것이다. 결국 부모로부터의 애정을 충족하려는 과거 미해결욕구에

고착하여 자신의 발달과업을 수행하는 것을 등한시하게 된다.

　이런 아이들에게 학습결과 그 자체에 관심을 두고 꾸중하게 되면 부모자녀관계는 더 악화되고 아이들도 행동의 수위를 더 높이게 된다. 이런 경우 학습부진 그 자체에 초점을 맞추기보다 기저에 깔려 있는 원인인 부모와의 애착관계를 다시 다져주는 것이 근본 해결책이 된다. 따라서 부모는 영유아기에 놓친 애착형성시기를 아동기나 청소년기에라도 다시 시작하여 아동의 행동결과보다는 욕구나 감정, 바람에 더 관심을 가지며 새로운 부모자녀관계를 형성하도록 애써야 한다.

아이의 애착문제로 고민하시는 어머님들께

좋은 듯하다가 나빠지는, 이렇게 하는 것이 맞는 듯 틀리는 것 같은, 해결이 된 듯하다가 안 되는 것이 부모자녀관계입니다. 수학공식처럼 특별한 방법이 있어 답이 맞아떨어지면 좋겠지만 아이마다 다 다르고 부모마다 방식이 달라 시행착오가 많이 생기는 일이 부모자녀관계입니다. 특히 아이가 어릴 때는 늘 분주하고 바쁘고, 걱정만 하며 시간을 보내버리기도 합니다. 그렇게 멋도 모르고 키우다 보면 아이는 이미 훌쩍 커버리게 되지요.

애착이론가들은 아이가 태어나서 3세가 될 때까지 애착형성의 결정적 시기라고 합니다. 그러나 그렇게 생각하면 각자의 사연을 가지고 어쩔 수 없었던 이 세상 많은 부모는 애착형성에 실패했다고 해야 할까요? 저희는 부모님들이 돌아갈 수 없는 강을 건넜다고 생각하지 않습니다. 일찍 알고 제대로 하지 못해 안타깝지만 지금이라도 늦지 않았으니 다시 해보자고 말씀드리고 싶습니다. 몇 가지 핵심적인 내용을 적어봤으니 가슴에 담고 이겨나가시길 바랍니다.

애착형성만 잘되면 이미 반 이상을 잘 키우신 겁니다

잘못된 애착은 많은 문제행동의 근원이 됩니다. 분리불안 아이들, 자신감 없는 아이들, 집중이 안 되는 아이들, 친구관계가 안 되는 아이들, 등교를 거부하는 아이들, 삶에 대한 의욕이 없는 아이들, 비행을 일으키는 아이들, 게임에 빠진 아이들, 우울과 불안에서 헤어나지 못하는 아이들… 그 행동의 안을 잘 들여다보면 애착문제가 출발선에 버티고 서 있습니다. 그래서 애착형성이 잘 되면 아이를 키우는 동안 일어나는 일의 반은 이미 해결되었다는 생각이 듭니다.

애착은 아이들에게 마음의 건강을 보장해주는 약과도 같습니다

상담을 하며 애착은 '만병통치약'이다, 급할 때 먹는 '우황청심원'이다, '힘들 때 먹는 보약이다.'라는 생각을 했습니다. 아이들의 연령을 막론하고 문제행동이 무엇이든지 간에 우선 부모로부터 적절한 사랑을 받고, 부모의 태도가 변하고, 관계가 개선되었을 때 문제행동의 변화도 따라온다는 것을 발견했습니다. 그만큼 아이들의 건강한 심리발달과 행동을 위해 부모와의 튼튼한 애착은 건강한 뿌리가 되고 약이 된다는 뜻입니다.

아이들의 신호를 놓치지 마세요

아이를 키우다 보면 부족한 애착형성을 보충하기 위해 아이들은 끊임없이 신호를 보내옵니다. 분리불안, 특정물건에 집착하는 행동, 울기, 짜증 내기, 떼쓰기, 등교거부, 학습부진, 우울 등등 이렇게 많은 문제행동들 뒤에 숨어 있는 복병이 바로 잘못된 애착형성일 가능성이 높습니다. 아직 아이가 어리다면 아이가 신호를 보내올 때 적극적으로 반응하십시오. 아이가 아프면 다른 일을 줄이고 옆에 있어주는 일, 아이가 짜증을 부릴 때 짜증 뒤에 숨은 욕구가 무엇인지를 찾아 충족해주는 일, 기관에 가는 것을 두려워한다면 엄마와 있는 시간을 늘리고 새로운 기관에서 버틸 수 있는 정서적 에너지를 충전해주는 일 등이 신호에 반응하는 방법들입니다. 아이들은 그 신호에 대한 답으로 대단한 것을 원하지 않습니다. 부모의 사랑과 시간, 에너지… 그것입니다. 그러나 이번 신호를 놓쳤다고 자책할 필요는 없습니다. 아이들은 부모가 답을 주지 않으면 또 시도할 것입니다. 하지만 그때는 신호를 놓치지 마세요.

지금이라도 다시 시작할 수 있습니다

아이가 커버려서 이미 늦었다고 자책하실 필요는 없습니다. 언젠가 한번은 해결하고 지나가면 됩니다. 적기에 채워주지 못해 안타까운 마음도 들 것입니다. 그러나 이 세상 어디에도 완벽한 부모는 없습니다. 자책하고 후회하는 이 순간! 이 순간 자신감을 가지고 바로 시작하십시오. 부모자녀관계는 뿌리가 깊지 않다고 합니다. 어떤 사람은 성인이 되어 배우자를 통해 다시 좋은 모성을 얻고 사람에 대한 신뢰를 얻어 잘살게 되었다고 합니다. 애착치료에서는 치료실에서 치료자와 교정적 경험을 합니다. 꼭 엄마가 아니었어도 사람에 대한 믿음을 가지는 경험을 하는 것이 중요하다는 의미입니다. 중요한 시기에 엄마가 옆에 없었다 하여 죄책감에 사로잡혀 있지 마세요. 엄마가 아니었어도 아빠가 또는 할머니가 그 역할을 잘 해주었다면 감사하십시오. 그리고 지금부터는 엄마와 관계를 맺기 시작하는 것입니다. 용기를 가지고 할 수 있다는 마음으로, 그리고 마지막 기회라는 마음으로 시작해보십시오.

그런데 어떻게 해야 할지 막막하시다고요?

부모님들이 잘해보고 싶은데 생각대로 잘 안 된다고들 하십니다. 맞습니다. 사람관계는 생각대로 쉽지 않습니다. 마음이 앞선 어머니들이 애착관련, 책을 사 읽고 사랑해주리라 접촉해주리라 다짐합니다. 하지만 그것 외에 무엇을 해야 할지 잘 모르겠다고 하십니다. 이런 교과서적인 방법 이외에 일어나는 일들은 어떻게 해야 할까요. 그냥 아이와 사랑에 빠지십시오. 어려운 듯하나 되고 나면 쉽고도 행복한 일입니다. 과거 누군가와 사랑에 빠졌던 시간을 떠올려 보십시오. 민감하게 상대를 이해하고 원하는 것을 해주고, 함께 기쁨과 슬픔을 나누며, 즐거운 시간에 머무르며 시간을 보내는 것입니다. 또한 아이의 사소한 것들을 소중히 여기고 반응해주어 좋아하는 사람에게 감사한 마음이 생기도록 해보세요. 그리고 동네 어귀의 큰 느티나무처럼 비가 오나 눈이 오나 같은 자리에서 서서 비가 오는 날은 비를 막아주고 해가 나는 날은 그늘을 만들어주며, 더운 날은 땀을 식히고 쉴 수 있는 공간을 주었던 그 품이 되어주세요. 그렇게 해주시면 됩니다.

그것도 잘 안 될 때가 있을 것입니다

아이를 얼마나 수용해야 되는지 혼란스럽고, 좋은 엄마 역할이 참 버겁고 고단하게 느낄 때도 있습니다. 대부분의 부모가 그러합니다. 그러나 불쑥불쑥 화가 나거나 부모가 되어야 함이 억울하다는 생각을 가지게 된다면 어머님의 그 무엇인가를 먼저 보살피는 시간이 필요합니다. 어머님 안에 해결할 문제가 남아 있고 어머니의 애착관계를 치유 받는 것이 필요하다는 사인입니다. 나쁜 부모여서가 아닙니다. 다시 시작하는 것입니다. 살아계신 부모님과의 관계에서 과거 어느 시점에서 하고 싶었던 말, 풀고 싶었던 오해, 원망스러웠던 마음에 대해 시간을 가지십시오. 돌아가시고 계시지 않는다면 보내지 못할 편지일지라도 마음을 전해 보십시오. 이제라도 마음으로 부모님을 다시 만나고, 마음으로 믿고 양육되십시오.

꼭 실제 부모가 아니어도 좋습니다

부모님들 주변에 마음의 부모가 될 수 있는 사람이 있을 것입니다. 그들과의 관계에서 애착을 다시 경험해보는 것입니다. 사람에 대한 진정한 신뢰와 믿음 경험을 해보는 것이 중요합니다. 심리학의 한 분야에서는 모든 사람이 제2의 부모를 만나 다시 양육되는 경험을 하고 성장한다고도 합니다. 그 부모가 상담자가 될 수도 있고, 학교 선생님이 될 수도 있고, 주변의 믿고 따르는 선배일 수도 있습니다. 그런 깊은 인간관계를 가지는 경험은 생후 최초의 대상관계에서 해결하지 못한 인간에 대한 신뢰관계를 회복하는 길이기도 합니다.

애착! 그것이 얼마나 강력한 힘을 가졌는지 경험해보십시오

아이를 키우며 정말 잘 키우고 싶은데 무엇을 먼저 해야 할지, 무엇이 중요한지 모르겠다고 생각하시는 분들은 애착형성에 집중하세요. 몸과 마음이 건강하고 사회적으로도 유능한 아이로 키우기 위한 가장 지혜로운 길입니다. 그리고 애착의 강력한 힘을 몸소 체험해보십시오.

아이와 놀고 있는 어머님들의 행복한 얼굴을 상상하며…….

참고문헌

김윤숙(2005). 부적응 도식을 매개로 한 초기 부모 애착과 경계선성격 간의 관계. 한국심리학회 연차학술발표대회 논문집, 462-463.

남윤주 · 이숙(2008). 아동이 지각한 애착과 자아개념, 일상적 스트레스가 우울에 미치는 영향. 놀이치료연구, 12(2), 1-16.

박영주 · 이영호(2010). 불안애착과 회피애착이 대인관계문제에 미치는 영향: 우울경험양식의 매개효과. 한국심리학회지: 임상, 29(2), 441-452.

박은희(2008). 어머니의 민감성 향상을 위한 모-아 집단치료놀이 프로그램의 개발과 효과: 영아기를 중심으로. 숙명여자대학교 대학원 박사학위논문.

방경숙(2000). 영아기 어머니 역할 교육 프로그램이 모아상호작용과 영아발달에 미치는 효과. 서울대학교 대학원 박사학위논문.

성영혜(2002). 치료놀이 3: 개별 TP의 이론 및 실제. 서울: 형설출판사.

송명자(1995). 발달심리학. 서울: 학지사.

신현정(2009). 치료놀이의 이해와 적용. 서울: 학지사.

안지영·도현심(1998). 자녀 양육행동, 아동의 낯가림 경험 및 분리불안과 어머니의 분리불안. 대한가정학회지, 36(8), 13-20.

옥정(1998). 청소년기 애착 안정성과 우울성향의 관계: 지각된 유능감의 매개효과를 중심으로. 이화여자대학교 대학원 석사학위논문.

유나현 · 이기학(2005). 애착, 심리적 독립, 정서지능에 따른 진로결정 자기효능감의 차이. 한국심리학회지: 상담 및 심리치료, 17(2), 451-466.

유영미(2004). 어머니의 양육체계와 유아의 애착체계 간의 관계. 연세대학교 대학원 박사학위논문.

유재은(2002). 부모와의 애착이 아동의 우울에 미치는 영향. 숙명여자대학교 대학원 석사학위논문.

이영·김온기(2000).「엄마와 함께하는 영아 교육 프로그램」이 어머니-영아 관계 및 영아 발달에 미치는 영향. 한국유아교육학회, 20(3), 67-84.

이정수(2006). 부모 애착과 또래 애착이 중학생의 우울에 미치는 영향: 자아존중감의 매개효과를 중심으로. 이화여자대학교 대학원 석사학위논문.

임숙빈·이소우·홍강의(2000). 자폐아동을 위한 모-아애착증진 프로그램의 효과. 소아청소년의학, 11(2), 198-208.

장석진(2005). 대학생의 애착과 진로결정수준 및 진로결정 자기효능감의 관계. 상명대학교 학생생활연구, 19, 91-114.

장휘숙(2003). 애착장애의 치료-이론에서 실제까지. 서울: 시그마프레스.

전우경(2002). 영아기 어머니 역할 교육 프로그램이 모아상호작용과 영아발달에 미치는 효과. 중앙대학교 대학원 박사학위논문.

정옥분(2002). 아동발달의 이해. 서울: 학지사.

조복희·박성옥(1992). 어머니 격리불안 척도의 개발. 아동학회지, 13(1), 16-37.

진미경(2008). 어머니 애착 표상 및 양육 행동과 영아 애착 유형 간의 관계에 대한 연구. 한국놀이치료학회지, 11(1), 31-42.

진미경·유미숙(2005). 애착측정 도구들에 대한 개관: 시기별, 영역별 애착 평가를 위한 도구들의 개관. 인간발달연구, 12(4), 139-158.

최해림(2005). 부모애착, 자동적 사고, 성역할정체감과 공격성의 관계. 한국심리학회지: 상담 및 심리치료, 17(3), 599-616.

Ainsworth, M. D.(1973). The development of infant-mother attachment. In B. M. Caldwell & H. N. Ricciuti(Eds.). *Review of child development research*, 3, 21-94. Child development and social policy. CA: University of Chicago Press.

Ainsworth, M. D., Blehar, M. C., Waters, E. & Wall, S.(1978). *Patterns of attachment: A psychological study of the strange situation*. Hillsdale, N.J.: Erlbaum.

Armsden, G. C. & Greenberg, M. T.(1987). The inventory of parent and peer attachment: Individual differences and their relationship to psychological well-being in adolescences. *Journal of Youth and Adolescence*, 16(5), 427-454.

Armstrong, J. G. & Roth, D. M.(1989) Attachment and separation difficulties in eating disorders: A preliminary investigation. *International Journal of Eating Disorders*, 8(2), 141-155.

Barnett, D., Ganiban, J. & Cicchetti, D.(1999). Maltreatment, negative expressivity, and the development of type D attachment from 12-to 24-months of age. *Society for Research in Child Development Monograph*, 64, 97-118.

Berkowitz, L.(1993). *Aggression: Its causes, consequences, and control*. N.Y.: McGraw-Hill.

Bowlby(1969). *Attachment and loss(Vol. 1): Attachment*. N.Y.: Basic Books.

Bowlby(1980). *Attachment and loss(Vol. 3): Loss, sadness, and depression*. N.Y.: Basic Books.

Bowlby(1982). *Attachment and loss(Vol. 1): Attachment*(2nd Ed.). N.Y.: Basic Books.

Cassidy, J.(1994). Emotion regulation: Influences of attachment relationships. In N. Fox(Ed.). *Emotion regulation: Biological and behavioral considerations. Monographs of the society for research in child development*, 59(2–3, serial No. 240), 228–249.

Cassidy, J. & Berlin, L. J.(1994). The insecure/ambivalent pattern of attachment: theory and research. *Child Development*, 65, 971–991.

Cassidy, J. & Marvin, R. S.(1992). Attachment organization three–and four–year olds: Coding guidelines. Unpublished manuscript.

Egeland, B. & Farber, E. A.(1984). Infant–mother attachment: Factors related to its development and changes over time. *Child Development*, 55, 753–771.

Fonagy, P.(1998). Moments of change in psychoanalytic theory: Discussions of a new theory of psychic change. *Infant Mental Health Journal*, 19, 346–353.

Goldwyn, R., stanley, D., Smith, V. & Goldwyn, R.(2000). The manchester child attachment story task: relationship with parental AAI, SAT and child behavior. *Attachment and Human Development*, 2, 71–84.

Green, J., Stanley, C. & Goldwyn, R.(2003). *Manchester child attachment story*. Unpublished manual, University of Manchester.

Greenberg, M. T., Speltz, M. L., DeKlyen, M. & Endriga, M.(1991). Attachment security in preschoolers with and without externalizing behavior problems: A replication. *Development and Psychopathology*, 3, 413–430.

Hock, E., McBride, S. L. & Gnezda, M. T.(1989). Maternal separation anxiety;

Mother-Infant separation from the maternal perspective. *Child Development,* 60, 793–802.

Holmes, J.(1992). *Between art and science: Essays on psychotherapy and Psychiatry*. London: Routledge.

Jernberg, A. M. & Booth, P.(1999). *Theraplay: Helping parents build better relationships through attachment-based play*. CA: Jossey Bass.

Kenny, M. & Hart, K.(1992). Relationship between parental attachment and eating disorders in an inpatient and a college sample. *Journal of Counseling Psychology*, 39(4), 521–526.

Kochanska(1998). Mother-child relationship, child fearfulness, and emerging attachment: A short-term longitudinal study. *Development Psychology*, 34, 480–490.

Laible, D. J. & Thompson, R. A.(1998). Attachment and emotional understanding in preschool children. *Developmental Psychology*, 34(5), 1038–1045.

Main, M. & Solomon, J.(1990). Procedures for identifying infants as disorganized/disoriented during the Ainsworth strange situation. In T. Greenberg, D. Cicchetti & E. M. Cummings(Eds.). *Attachment in the preschool years; Theory, research and intervention*, Chicago: University of Chicago Press. 121–160.

Marvin, R. & Britner, P.(1995). Normative development: The ontogeny of attachment. In J. Cassidy & P. Shaver(Eds.). *Handbook of attachment: Theory, research, and clinical application*, 44–67. N.Y.: Guilford Press.

Mikulincer, M. & Shaver, P. R.(2003). The attachment behavioral system in adulthood: Activation, psychodynamics, and interpersonal processes. In M. P. Zanna(Ed.).

Advances in experimental social psychology, 35, 53–152). N.Y.: Academic Press.

Roberts, J. E., Gotlib, I. H. & Kassel, J. D.(1996). Adult attachment styles and symptoms of depression: The mediating role of dysfunctional attitudes and low self–esteem. *Journal of Personality and Social Psychology*, 70, 310–320.

Sroufe, A. L.(1983). Individual patterns of adaption from infancy to preschool. In M. Perlmutter(Ed.). *The Minnesota symposium on child psychology*. N.J.: Erlbaum.

Stifter, C. A. & Braungart, J. M.(1995). The regulation of negative reactivity in infancy: Function and development. *Developmental Psychology*, 31(3), 448–455.

Thompson, R. A.(1998). Early sociopersonality development. In W, Damon & N. Eisenberg(Eds.). *Handbook of child development, 3. Social, emotional, and personality development*(5th Ed.). N.Y.: John Wiley. 25–104.

Turner, P. J.(1991). Relation between attachment, gender, and behavior with peers in preschool. *Child Development*, 62, 1475–1488.

Warren, S., Huston, L., Egeland, B. & Sroufe, L. A.(1997). Child and Adolescent anxiety disorders and early attachment. *Journal for the American Academy of Child and Adolescent Psychiatry*, 36, 637–644.

.

최명선

학력

숙명여자대학교 학사, 석사 및 박사 졸업(아동상담 전공)
Gestaltpsychotherapie für Kinder und Jugendlischen(Gestalt Institut Köln in Germany)
Ausbildung in 'Methoden und supervision der Gestaltpsychotherapie'(saarbrücken)

경력

현) 아동청소년상담센터 맑음 소장
  맑음 부설 아동청소년심리치료연구소 소장
전) 동신대학교 상담심리학과 교수
  한국놀이치료학회, 상담심리학회 편집부위원장
  상담심리학회, 놀이치료학회, 인간발달학회 등 다수 학회의 편집위원/학술위원
  숙명여자대학교, 덕성여자대학교, 강원대학교 강사

저서

『놀이치료: 아동중심적 접근』
『놀이치료의 치료관계와 치료성과』
『아동청소년심리척도 핸드북』
『꿈을 찾으면 내 직업이 보인다』
『사회조사방법론』
『논문의 저술에서 출판까지』
그 외 인간관계론/인성함양/리더십개발 등 다수의 저서와 학술논문 저술

차미숙

학력
숙명여자대학교 아동복지학 전공 및 상담학 전공 학사
숙명여자대학교 아동복지학과 아동심리치료 전공 석사 및 박사 수료

경력
현) 아동청소년상담센터 맑음 놀이치료사
전) 한국아동청소년심리상담센터 놀이치료사
    솔빛아동발달센터 놀이치료사
    (사)빛나라 아동심리놀이센터 놀이치료사
    서울대학교 심리과학연구소 한국영아발달연구센터 보조연구원
    숙명여자대학교 아동연구소 연구원
    숙명여자대학교, 강원대학교, 배화여자대학교 강사

김난희

학력
숙명여자대학교 교육심리학 전공 학사
숙명여자대학교 교육심리학 전공 석사 및 상담전공 박사과정

경력
현) 아동청소년상담센터 맑음 상담실장
전) 서울대학교병원 소아정신과 모아애착 프로그램 Co-worker
    이루다아동발달연구소 놀이치료사
    까리따스방배종합사회복지관 아동상담센터 놀이치료사
    노동부 중앙고용정보원 전문연구원(국가직업적성 및 흥미검사 개발 담당)
    한양공업고등학교 상담교사
    경기대학교 사회교육원 외래교수(아동상담론, 부모교육)

저서
『직업적성 및 흥미검사를 활용한 직업지도 지침서』

엄마와 아이 애착 다지기

초판인쇄   2012년 11월 9일
초판발행   2012년 11월 9일

지은이   최명선·차미숙·김난희
펴낸이   채종준
기 획   이주은
편집디자인   김소영
표지디자인   박능원

펴낸곳   한국학술정보(주)
주 소   경기도 파주시 문발동 파주출판문화정보산업단지 513-5
전 화   031) 908-3181(대표)
팩 스   031) 908-3189
홈페이지   http://ebook.kstudy.com
E-mail   출판사업부 publish@kstudy.com
등 록   제일산-115호(2000.6.19)

ISBN   978-89-268-3656-9 14370 (Paper Book)
          978-89-268-3657-6 15370 (e-Book)
          978-89-268-3646-0 14370 (Paper Book set)
          978-89-268-3647-7 15370 (e-Book set)

이담 Books 는 한국학술정보(주)의 지식실용서 브랜드입니다.